掌尚文化

Culture is Future

尚文化・掌天下

本书由市属高校分类发展—商科人才培养模式改革项目（19002024027）、
北京工商大学数字商科与首都发展创新中心项目（19008024043）资助

数字经济
理论与实践

陈丽莉　杜　博　李婷婷　王棠悠　著

经济管理出版社
ECONOMY & MANAGEMENT PUBLISHING HOUSE

图书在版编目（CIP）数据

数字经济理论与实践 / 陈丽莉等著. -- 北京 ：经
济管理出版社，2025．7．-- ISBN 978-7-5243-0463-0

Ⅰ．F49

中国国家版本馆 CIP 数据核字第 2025DE3165 号

组稿编辑：张鹤溶
责任编辑：张鹤溶
责任印制：许　艳
责任校对：王纪慧

出版发行：经济管理出版社
　　　　　（北京市海淀区北蜂窝 8 号中雅大厦 A 座 11 层　100038）
网　　　址：www. E-mp. com. cn
电　　　话：(010) 51915602
印　　　刷：唐山玺诚印务有限公司
经　　　销：新华书店
开　　　本：720mm×1000mm/16
印　　　张：13. 25
字　　　数：220 千字
版　　　次：2025 年 8 月第 1 版　　2025 年 8 月第 1 次印刷
书　　　号：ISBN 978-7-5243-0463-0
定　　　价：88. 00 元

前　言

　　随着数字技术的快速发展，数字经济已成为全球经济增长的重要驱动力，涵盖生产、交易、消费等领域，深刻影响着社会结构和产业格局。本书从新业态、新模式、新制度、新动能、新格局、新产业"六个新"解构数字经济，以数字贸易、数字营销、数字管理、数字金融、数字治理、数字生态为抓手，全面论述数字经济的定义、特征、结构及其未来发展路径。本书研究的框架如图 0-1 所示，以数字贸易、数字营销、数字管理、数字金融和数字生态这些新业态和新模式为核心内容，以数字治理和数字经济技术为新制度基础和新动能支撑数字经济赋能经济社会。在以数字技术重塑产业格局、催生新产业形态与经济发展新格局的进程中，数字经济在释放强劲动能的同时，也带来了数据安全、伦理规范、治理效能等多维度挑战。为此，亟须从战略高度统筹规划，构建协同治理体系，完善制度保障框架，以创新驱动与风险防范并重的发展路径，稳步迈向数字文明新时代。

　　下面通过梳理数字经济的分析框架，帮助理解全书的架构与主要内容。

　　本书第一章首先定义了数字经济的内涵，阐释其特征。通过回顾数字经济的发展历程，揭示其从互联网经济到以"分享、共享、融合"为特征的数字经济，再到以数字化、网络化、智能化"三位一体"为特征的数字经济的演进路径。其次介绍了数字经济的主要驱动因素即数据要素的价值释放与数字红利、数字基础设施的建设与经济运行新动脉、技术创新及政策支持，展现了其跨行业渗透和持续创新的特点。最后介绍了数字经济的发展现状，分析其在全球化和智能化浪潮中的重要作用，为读者全面认知数字经济提供了理论与实践支撑。

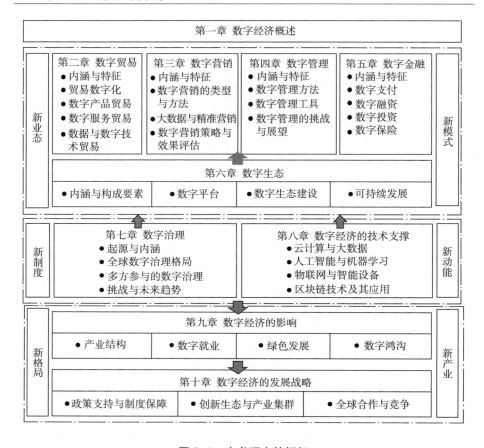

图 0-1　本书研究的框架

　　本书紧扣数字经济发展脉搏，从系统性视角依次深入剖析数字贸易、数字营销、数字管理、数字金融和数字生态等关键业态，通过理论阐述、实践分析与趋势探讨，全方位解构数字经济活动的内在逻辑与外在表现。第二章首先系统阐述数字贸易的内涵、特征与分类，探讨数字贸易对传统贸易的挑战，其次介绍数字贸易的内容，最后分析数字贸易治理的关键挑战、我国实践及发展趋势。第三章则关注数字营销的基础理论与主要策略，探讨数字营销的内涵、特征、类型及其基本方法，并以大数据营销视角为切入点揭示数字营销的本质，最终厘清数字营销的策略以及营销效果评估方法。第四章首先聚焦数字管理的内涵及特征，厘清数字管理的内涵和外延；其次概述企业构建数字管理体系的方法路径，以及数字管理基础工具所涉及的关键技术；最后进一步提炼数字管理面临的多元挑战及其变革趋势。第五章首先探讨数字金融的内涵与特征，其次介绍数字金融的内容，并在此基础上重点分析数字货币的概念与类别、我国数字人民币的建设实践，进而阐释数字金融的监管体系构建与监管科技应用等治理议题，为全面理解数字金融体系的发展提供理论与实践支撑。第六章数字生态是数字经济发展的系统化表现，首先介绍数字生态的内涵与构成要素，其次从数字平台与数字生态建设等方面，深入分析数字生态系统的核心要素。在此基础上，探讨多方参与的生态建设模式，强调数字生态的可持续发展路径，如环境友好型技术的应用与生态系统的长效治理。

数字治理和数字经济技术作为新制度和新动能支撑着数字经济的发展。第七章数字治理部分从多层次、多维度解析数字治理的内涵、目标及发展路径，分析国际数字治理的整体格局，并分别从国家、企业和公众参与层面对数字治理的创新实践进行详细阐述。最后，总结数字治理的核心挑战，对未来可能的发展趋势进行展望。第八章分析了数字经济的技术支撑，聚焦云计算、大数据、人工智能、物联网与区块链等核心技术，解析其在数字经济不同领域的应用场景及价值创造模式。

数字经济在推动经济增长的同时，也带来了深刻的社会影响。第九章和第十章从打造新格局、新产业的视角，分别对数字经济的影响与挑战、数字经济的发展战略展开论述。第九章首先探讨了数字经济驱动产业体系现代化演变的路径机制，探究数字经济驱动产业变革的动力源泉；其次探析了数字经济的社会福利效应和生态福利效应，以及数字经济发展带来的数字鸿沟挑战。第十章从战略高度总结数字经济的发展方向，从数字经济政策支持与制度保障、数字经济创新生态与产业集群以及数字经济全球合作与竞争多个维度展开全面分析，系统阐述数字经济发展战略的重要内涵和实践路径，为全球数字经济的发展提供战略参考。

目　录

第一章　数字经济概述

近年来，数字经济发展之快、辐射范围之广、影响程度之深，展现出了前所未有的态势，逐渐成为重组全球要素资源、重塑全球经济结构、改变全球竞争格局的关键力量。数字经济是以数据资源为关键要素、以现代信息网络为主要载体、以信息通信技术融合应用和全要素数字化转型为重要推动力，促进公平与效率更加统一的新经济形态。2021 年 12 月国务院印发的《"十四五"数字经济发展规划》中指出，数字经济是继农业经济、工业经济之后的主要经济形态。2024 年 7 月中国信息通信研究院发布的《全球数字经济白皮书（2024 年）》显示，2023 年，美国、中国、德国、日本、韩国五个国家数字经济总量超过 33 万亿美元，同比增长超 8%；数字经济占 GDP 的比重为 60%，较 2019 年提升约 8 个百分点。《2025 年数字经济趋势报告》显示，预计到 2025 年，数字经济规模将增长至约 24 万亿美元，占全球 GDP 的 21%，其增长速度将是全球经济增速的 3 倍。作为新一轮国际竞争的重点领域，数字技术同实体经济深度融合，已经成为当前我国的战略选择。

2024 年 8 月中国信息通信研究院发布的《中国数字经济发展研究报告（2024 年）》显示，2023 年我国数字经济的规模达到 53.9 万亿元（见图 1-1），数字经济占 GDP 比重达到 42.8%，数字经济增长对 GDP 增长的贡献率达到 66.45%。2023 年，我国数字产业化、产业数字化规模分别为 10.1 万亿元、43.8 万亿元，数字产业化与产业数字化的比例由 2012 年的约 3∶7 发展为 2023 年的约 2∶8（见图 1-2）。工业和信息化部（以下简称工信部）数据显示，2024 年我国数字产业总体运行平稳，完成业务收入 35 万亿元，同比

（万亿元）

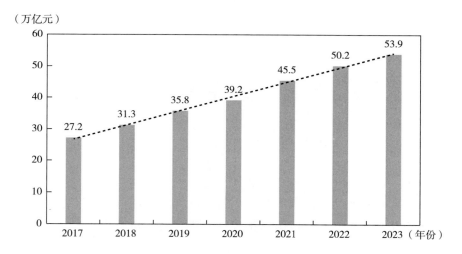

图 1-1　2017—2023 年我国数字经济规模

资料来源：中国信息通信研究院。

（%）

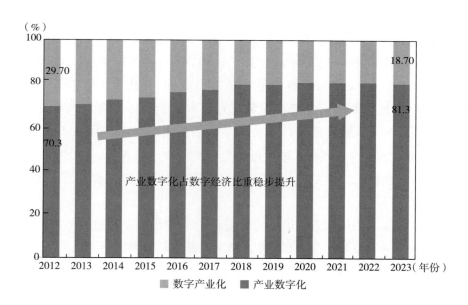

图 1-2　2012—2023 年中国产业数字化占数字经济比重

资料来源：中国信息通信研究院。

增长 5.5%，实现利润总额 2.7 万亿元，同比增长 3.5%。① 数字经济已经成为我国经济发展的重要引擎，发展数字经济也已成为我国把握新一轮科技革命和产业变革新机遇的关键环节。探究如何通过有效运用数字技术和合理配置资源，以推动数字经济高质量发展，已成为促进当前经济社会可持续发展的关键议题。

第一节　数字经济的内涵

Tapscott（1996）最早提出了"数字经济"的概念，认为数字经济是一个广泛运用信息通信技术（ICT）的经济系统。在深入探讨数字经济的本质时，可以将其细分为两个层面。一是从产业经济的角度来看，数字经济可被界定为数字产业化的过程，这一过程涉及将传统的国民经济领域内的服务或产品数字化，包括这些数字化产品或服务的创造、消费及其分配机制。二是在更广泛的经济活动范畴内，数字经济被认为是一系列经济行为的集合，这些行为的显著特点是将数字信息和知识作为核心生产资料，依托信息技术网络平台，以此推动生产效率的提高和经济结构的优化升级（IMF，2018）。

2016 年的《二十国集团数字经济发展与合作倡议》将数字经济定义为"以使用数字化的知识和信息作为关键生产要素、以现代信息网络作为重要载体、以信息通信技术的有效使用作为效率提升和经济结构优化的重要推动力的一系列经济活动"。与之相近，《"十四五"数字经济发展规划》则将数字经济定义为"以数据资源作为关键生产要素、以现代信息网络作为重要载体、以信息通信技术的有效使用作为效率提升和经济结构优化的重要推动力的一系列经济活动"。

从经济结构来看，数字经济主要包括数字产业化与产业数字化。其中数字产业化是指为产业数字化发展提供数字技术、产品、服务、基础设施和解决方案，以及完全依赖于数字技术、数据要素的各类经济活动，是数

---

① 2024 年数字产业运行情况［EB/OL］.（2025 - 03 - 17）. https：//www.miit.gov.cn/jgsj/yxj/xxfb/art/2025/art_49031440236d4650823b131173a1794d.html.

字经济的核心产业。根据国家统计局发布的《数字经济及其核心产业统计分类（2021）》，将数字经济产业范围确定为数字产品制造业、数字产品服务业、数字技术应用业、数字要素驱动业、数字化效率提升业 5 个大类，主要包括计算机通信和其他电子设备制造业、电信广播电视和卫星传输服务、互联网和相关服务、软件和信息技术服务业等，是数字经济发展的基础。产业数字化则是指数字技术与实体经济的融合（宋旭光等，2022），或者说是传统产业利用数字技术对业务进行升级，进而提升生产的数量以及效率的过程（肖旭、戚聿东，2019）。中国信息通信研究院对数字经济的定义也将其划分为"数字产业化"和"产业数字化"两大部分。而从早期的"两化"（数字产业化、产业数字化），到后期的"四化"（数据价值化、数字产业化、产业数字化、数字化治理），揭示了数字经济内涵的丰富性和发展的动态性（刘伟等，2021）。

第二节　我国数字经济的发展历程

一、以"连接"互联网为特征的数字经济（1994—2004 年）

相比于美国，我国数字经济起步较晚，演进历史和发展进程的第一阶段（1994—2004 年）是我国数字经济的技术孕育时期，形成了以"连接"为特征的数字经济体系。1994 年，我国实现全功能接入国际互联网。1996 年，我国制定实施《中华人民共和国国民经济和社会发展"九五"计划和 2010 年远景目标纲要》，提出"加强长途干线网的建设""重点建设全国联网的光缆干线"和"加快移动通信网建设并实现全国联网漫游"等任务规划，形成全国统一的通信网络体系。1998 年，我国"八纵八横"光缆干线工程正式竣工，为数字经济高速发展构筑了坚实的网络基础。

这一时期，我国企业引进美国模式，涌现出一批互联网巨头企业，如信息门户领域的搜狐、网易，电子商务领域的阿里巴巴，即时通信领域的腾讯，以及搜索引擎领域的百度，形成了"门户+电商+社交+游戏+文娱+

搜索"的数字经济体系，中华网成为第一个在纳斯达克上市的中国互联网企业。在全球互联网商业化初期，尽管我国在数字技术的积累上落后于西方，但网络基础设施在全球互联网的驱动下实现高速发展。1995—2004 年，中国邮电信息固定资产投资从 995 亿元增长至 2173.4 亿元[①]，长途光缆长度由 11 万千米增加至 64.6 万千米[②]，移动电话用户人数从 362.9 万户增加至 33482.4 万户[③]，互联网网民达 9400 万户，宽带用户达到 4280 万人，增幅为 146%[④]。

二、以"分享、共享、融合"为特征的数字经济（2005—2015 年）

第二阶段（2005—2015 年），随着互联网技术的不断升级和普及，移动互联网、物联网、大数据等新兴技术也相继涌现。我国围绕基础能力提升、产业化发展和移动互联制定并实施了多项数字经济发展方略。从《中华人民共和国国民经济和社会发展第十个五年计划纲要》《中华人民共和国国民经济和社会发展第十一个五年规划纲要》以及《中华人民共和国国民经济和社会发展第十二个五年规划纲要》来看，信息化发展均已成为独立一章，表明其在国家战略中占据重要地位。其中，《中华人民共和国国民经济和社会发展第十个五年计划纲要》强调建设信息基础设施，提高网络容量与传输速度，通过"引进，消化吸收和创新"掌握先进信息技术，发展电子信息产品制造业，推动信息技术在经济与社会生活中的广泛应用。《中华人民共和国国民经济和社会发展第十一个五年规划纲要》提出建设新一代互联网和促进"三网融合"，将电子信息制造业纳入高技术产业，重点推动工业化与信息化协同发展，进一步将信息技术的产业融合赋能范围向农业、物流、服务业、文化、国防等其他领域拓展。同时，《中华人民共和国国民经济和社会发展第十一个五年规划纲要》强调要深度开发信息资源，加强信

① 国家统计局.《邮电通信业发展突飞猛进》报告［EB/OL］.（2009－09－24）. https：// www.stats.gov.cn/zt_18555/ztfx/qzxzgcl60zn/202303/t20230301_1920394.html.

② 中国政府门户网站.［信息化建设］通信基础设施建设成效巨大［EB/OL］.（2006－01－ 01）. https：//www.gov.cn/ztzl/2006-01/01/content_145200.htm.

③ 新浪科技. 2004 年全国手机短信 2177.6 亿条　年增 58%［EB/OL］.（2009－09－24）. https：// www.cctv.com/news/society/20050120/103090.shtml.

④ 央视国际. 中国网民达 9400 万　近亿国民走进"虚拟世界"［EB/OL］.（2009－09－24）. https：//www.cctv.com/news/china/20050121/100123.shtml.

息采集、结构优化和共享开发，并关注信息安全保障能力提升，这为后续数据要素和数字安全的相关政策制定奠定了基础。《中华人民共和国国民经济和社会发展第十二个五年规划纲要》紧跟数字经济与技术的发展趋势，提出重点发展新一代移动通信、下一代互联网、物联网、云计算、集成电路、高端软件等新一代信息技术产业，构建下一代信息基础设施，同时更加强调推动信息技术向经济社会的商务、政务、公共服务等全领域渗透融合，同时提出要推广应用安全可控的关键软硬件以保障网络和信息安全。

在这一阶段，我国在商业模式创新上已经从模仿式创新走向自发式创新，优先发展消费互联网。2005年12月我国上网用户总数突破1亿，2008年6月底网民数量达到2.53亿，超过美国跃居世界第一位。2013年，我国网络零售市场交易额达1.89万亿元，跃升为全球最大网络零售交易市场。2015年，"互联网+"被写入《政府工作报告》，这意味着"互联网+"正式被纳入顶层设计，成为国家经济社会发展的重要战略，2013年我国移动互联网实现了从2G到4G的跨越式发展。2015年，我国移动互联网接入流量消费达41.87亿吉字节。网络零售、即时通信和社交网络企业成为连接消费者与数字经济的桥梁，培育了我国庞大的需求市场，造就了"分享、共享、融合"的数字经济发展新格局。淘宝的市场占有率超过eBay，谷歌惜败于百度，QQ在商务领域战胜MSN，当当在图书领域战胜亚马逊。2015年以后，中国政府积极推进"互联网+"行动计划，提出了"互联网+创业创新""互联网+协同制造""互联网+人工智能"等11项具体行动，引导互联网企业拓展国际市场，数字经济的范围进一步扩展。移动互联网兴起和智能手机普及，促使数字经济的商业主战场向移动端转移；人工智能、大数据、云计算等技术为互联网平台交易机制的实施提供了支撑，平台企业加大商业模式创新，产生了第三方支付、移动支付、数字金融等具有中国特色的商业模式，产生了微信、团购、短视频、直播等创新应用。根据中国信息通信研究院发布的《中国信息经济发展白皮书（2016年）》，2015年我国信息经济规模达到18.6万亿元，占GDP的比重达到27.5%，对GDP贡献达68.6%。

三、以数字化、网络化、智能化"三位一体"为特征的数字经济（2016年至今）

第三阶段（2016年至今），我国数字经济逐渐从高速发展向高质量发展阶段转变，数字化、网络化、智能化转型已成为推动政治、经济、社会、文化和生态变革的重要方向和战略路径，数字经济的战略定位已上升为我国重组要素资源、重塑经济结构和改变竞争格局的关键力量，数字化、网络化、智能化"三位一体"成为当前数字经济发展阶段的显著特征。政策逻辑从整体规划向细分领域的具体方案延展，构成覆盖数字经济全产业链和多行政层级的数字经济政策网络，如《中华人民共和国国民经济和社会发展第十三个五年规划纲要》《国家创新驱动发展战略纲要》《中华人民共和国国民经济和社会发展第十四个五年规划和 2035 年远景目标纲要》《"十四五"数字经济发展规划》《"十四五"国家信息化规划》《中共中央 国务院关于构建数据基础制度更好发挥数据要素作用的意见》《数字中国建设整体布局规划》等战略举措的相继颁发，促进打通数字基础设施大动脉，畅通数据要素大循环，做强做优做大数字经济，构建高效协同的数字政务体系，建设便捷普惠的数字社会，加速璀璨文化的数字繁荣，发展智慧绿色的生态文明。以数字创新和数字安全作为数字中国的关键能力支撑，持续构建完善数字治理生态并推动形成更高水平的数字开放发展格局。

中国信息通信研究院发布的《中国数字经济发展研究报告（2024）》显示，2023 年我国数字经济规模已达 53.9 万亿元，占 GDP 比重达 42.8%，比 2022 年提升 1.3 个百分点，标志着数字经济在国民经济体系中的地位进一步提升，数字经济已成为国民经济发展的重要"压舱石"。从增速看，2023 年数字经济同比名义增长 7.39%，比同期 GDP 增速高 2.76 个百分点，对 GDP 增长的贡献率为 66.45%，成为驱动我国经济增长的"加速器"。我国数字技术创新能力不断提升，2019 年以来，我国成为全球最大专利申请来源国，5G、区块链、人工智能等领域专利申请量位居全球第一。我国在 5G 等新一代信息基础设施建设规模上处于全球领先。根据工信部发布的 2025 年一季度工业和信息化发展情况，数据显示，截至 3 月底，累计建成开通 5G 基站 439.5 万个，具备千兆网络服务能力的 10G PON 端口数达到了 2925 万个，5G 用户普及率达到了 75.9%，千兆宽带用户达到了 2.18 亿户①。人工智能技术的进步不仅改变了生产组织形式、企业形态，也改变了

---

① 一季度工业和信息化发展情况如何？工业和信息化部权威发布来了[EB/OL]．（2025-04-18）．https：//www.miit.gov.cn/xwfb/bldhd/art/2025/art_2c3e9dd628e04e87a5f79ba542cd2581.html.

城市的面貌和基础设施、公共服务供给模式。在人工智能技术的推动下，生产端和消费端深度融合，产品中包含了更多的服务，消费者本身也可以作为内容、创意的供给方为生产服务；生产领域相继出现了智能化车间、智能化工厂、智能化供应链；部分行业出现新一轮机器人对人工的替代；在社会领域，基于交通大数据和无人驾驶技术的"智慧交通"体系正在各城市不断实践，运用远程技术和医疗数据的"智慧医疗"体系也在不断建设，政府服务也可以在"电子政务平台"进行。截至2025年3月31日，通过国家级备案的生成式人工智能大模型数量为346款。

图1-3为数字经济的三个发展阶段。

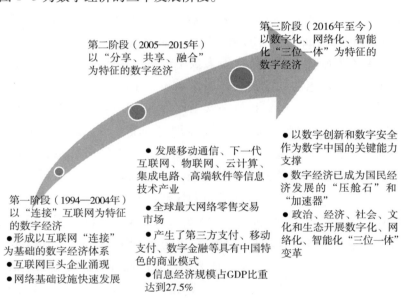

图1-3　数字经济的三个发展阶段

第三节　数字经济的特征

数字经济是以数字化信息（包括数据要素）为关键资源，以互联网平台为主要信息载体，以数字技术创新驱动为牵引，以一系列新模式和新业态为表现形式的经济活动，具有数据依赖性、融合创新性、开放共享性和网络外部性特征。

一、数据依赖性

数字经济时代，数据成为最有价值的资源，数据资本取代实体资本成为支撑价值创造和经济发展的关键生产要素，是数字经济最本质的特征。随着计算能力的提高和存储容量的上升，数据这一关键生产要素已经渗透到人类生产生活的方方面面，这一趋势不仅体现在以互联网和信息技术为主营业务的新兴行业，在加工制造、交通运输、金融等传统行业也极其显著，甚至政府公共领域也因数据价值带来了外部效益（杨佩卿，2020）。利用数据资本挖掘消费者潜在需求是开拓新商业模式、创新产品服务的关键（丁志帆，2020），对数据资本的虚拟存储提高了搜索效率，支持数据资本的低成本复制（Goldfarb and Tucker，2019），减少了使用数据进行价值创造的成本。

二、融合创新性

新一代信息技术发展使创新过程脱离了从知识积累、研究到应用的线性链条规律，创新阶段边界逐渐模糊，各阶段相互作用，创新过程逐渐融为一体（Nambisan et al.，2017）。数字技术使创新主体之间的知识分享和合作更高效；多样化的创新主体主动适应数字化技术以创造新产品和新服务，使得数字创新产品和服务具有快速迭代的特征。此外，数字技术形成了产品与组织的松耦合系统，使产品和服务创新更加灵活，组织协调沟通成本降低，并且突破了时空界限，带来了组织的去中心化（陈晓红等，2022）。

三、开放共享性

数字经济时代各类数字化平台加速涌现，以开放的生态系统为载体，将生产、流通、服务和消费等环节逐步整合到平台，推动线上线下资源有机结合，创造出许多新的商业模式和业态，形成平台经济（Hukal et al.，2020）。作为开放、共享、共生的生态体系，网络平台的出现为传统经济注入了新的活力（Sandberg et al.，2020），促使人类能够在更短时间内进行信息传输和经济往来，减少了市场主体的交易成本。尤其是平台的强连接能力可以加速产业的跨界融合和协同生产进程（荆文君、孙宝文，2019），同时形成产业数字化集聚（王如玉等，2018）。

四、网络外部性

随着经济数字化程度的不断加深，信息服务业大规模地向其他产业扩张，逐渐模糊了产业间界限，形成了以数据融合为核心的三大产业交互渗透的发展态势，这有助于行业整合，以及全球产业结构的优化升级和产业组织模式的创新。每个用户使用网络产品得到的效用与用户总量和互补品供给数量正相关，用户人数和互补品数量越多，每个用户得到的效用就越高。在这种产业数字化融合发展的模式下，用户数量和互补品供给构成数字经济网络，双边市场供需规模越大，能够创造的价值就越高，用户的参与、整合和协同越广泛，所有用户都可能从网络规模的膨胀性发展中取得更多收益，网络的价值将呈指数级增长，形成了网络外部性（杨佩卿，2020）。

第四节 数字经济发展的主要驱动因素

数字经济的崛起是由多重因素共同作用的结果，其核心驱动力不仅包括数据要素的价值释放，还涉及数字基础设施的建设、技术创新的推动以及政策环境的优化等多方面因素。这些因素相互交织，共同构成了数字经济的内在动力机制。

一、数据要素的价值释放与数字红利

在传统工业经济模式下，土地、资本和劳动力是主要的生产要素。然而，随着经济发展模式的转型，数字经济条件下，数据要素成为第一生产要素，在提升经济效率、推动创新和优化资源配置等方面，发挥着前所未有的作用。发挥数据要素的放大、叠加、倍增作用，构建以数据为关键要素的数字经济，是推动高质量发展的必然要求。

（一）数据的乘数效应

数据要素与技术要素、资本要素、劳动要素等传统生产要素能够融合产生中介效应，且存在技术要素→劳动要素→资本要素递增的规律，应当充分发挥数据要素对资本要素的提升作用，优化资本配置，推动产业和资本、实体经济和金融体系的深度融合发展（王德祥，2022）。正是由于数据具备显著的乘数效应，2023 年 12 月印发的《"数据要素×"三年行动计划（2024—2026 年）》特别提出了多个"数据要素×"方案，以推动数据要素高水平应用为主线，促进多场景应用，先行聚焦工业制造、现代农业、商贸流通等 12 个领域，推动在行业中发挥数据要素的乘数效应，释放数据要素价值，实现经济规模和效率的倍增。以"数据要素×金融服务"为例，强调发挥金融科技和数据要素的驱动作用，推动金融信用数据和公共信用数据、商业信用数据共享共用和高效流通。

（二）数据的复用性与规模效应

数据的复用性与规模效应构成了数字经济增长的重要推动力，是其区别于传统经济体系的显著特征。数据的独特性质使其成为一种能够自我增值的生产要素，推动数字经济不断向前发展。

数据具备高度的复用性，意味着同一份数据可以在不同的情境下反复使用，从而在多轮应用中不断创造新的经济价值。这种复用性不仅体现在传统领域的应用扩展，也表现在数据之间的交叉应用与整合，推动了技术创新和产业升级。随着大数据技术的进步，海量信息在被收集、存储和分析后，能为不同领域提供精准的决策支持，进而显著提升社会经济效益。随着数据规模的扩展，其所产生的边际效益并非呈线性增长，而是呈现出指数级放大效应。这一效应来源于数据量的积累和维度的丰富，使数据能够不断提升分析精度与预测能力。例如，机器学习与人工智能等技术的快速发展依赖大规模数据的支持，在数据集逐步增大时，其预测模型和算法效率也随之显著提升。这一过程促使信息流和知识流加速流动，从而推动经济效益的持续增长。

此外，在传统工业经济模式下，土地、资本与劳动力的供给是决定生产力水平的核心因素。然而，数据的无穷增长潜力突破了这一局限，成为推动经济发展的新型要素。在资本与劳动力供给日趋饱和的背景下，数据因具有无限增长潜力为经济发展提供了持续的动力，成为支持知识密集型产业和创新驱动型发展的关键因素。

二、数字基础设施的建设与经济运行新动脉

数字基础设施的建设是数字经济得以高效运行的关键环节。随着信息技术的迅猛发展，数字基础设施已经成为支撑现代经济运行的"新动脉"。数字基础设施的核心内容不仅包括网络、计算、存储等硬件设施，还涵盖云计算、大数据、人工智能等技术平台的构建与应用。这些设施不仅加速了信息流通，还推动了技术创新、产业升级及社会各领域的深度融合。

（一）数字基础设施的经济效应

数字基础设施的建设与完善为经济发展提供了强大的支撑。首先，网络技术的普及和信息传输速度的提升，使跨区域、跨行业的资源共享和协作成为可能；其次，云计算和大数据平台的搭建，使得企业能够实现灵活的计算和存储资源调配，大大降低了生产成本，提升了运营效率；最后，人工智能、物联网等前沿技术的集成应用，进一步推动了产业的智能化升级，使数字经济成为各行业创新和增长的重要推动力。

（二）数字基础设施的外部性效应

数字基础设施的建设不仅直接促进了技术的创新与产业的发展，还通过其外部性效应带动了社会经济的整体进步。随着基础设施的普及，技术应用的门槛逐渐降低，企业和个人能够更加便捷地获取信息和资源，形成了良性循环。数字基础设施建设进一步推动了数字化转型的深化，催生了新型业态和商业模式，为传统产业的转型升级提供了关键支持。

三、技术创新与数字经济的深度融合

在数字经济的发展过程中，技术创新无疑是最为重要的推动力。无论是数字产业化还是产业数字化，其发展都要依靠持续的技术创新，包括硬件方面的创新（如芯片技术）和软件方面的创新（如算法及数据存储技术）。信息技术尤其是人工智能、物联网、区块链等新兴技术的飞速发展，不仅为产业升级、生产方式转型提供了强大的推动力，还催生了新的经济

模式和社会形态。

（一）技术创新引领产业变革

随着数字技术的不断演进，产业结构和经济形态发生了深刻变革。我国政府高度重视并积极推动这些前沿技术的应用与发展，以实现传统产业的转型升级和新兴产业的培育壮大。例如，人工智能技术的发展推动了数据分析与智能决策领域的创新，显著提升了生产效率，并催生了一系列新的产业形态和服务模式。物联网技术的广泛应用使传统行业能够实现数字化和智能化升级，促进了各行业之间的深度融合。区块链技术的应用则在提升信息透明度和安全性的同时，为数字经济的健康发展提供了坚实的技术保障。

（二）技术创新的迭代效应

数字技术的快速迭代为数字经济的持续增长提供了源源不断的动力。每次技术创新的突破，都为数字经济注入了新的活力，同时加速了产业融合与商业模式的创新。随着技术成本的逐步降低，越来越多的企业和个人能够共享技术创新的成果，形成了广泛的技术外溢效应。这种效应不仅促进了社会整体的创新氛围和创业活力，还推动了各类创新资源的优化配置，进一步增强了数字经济的竞争力和可持续发展能力。

四、政策支持与数字经济发展环境的优化

政府的政策支持和营商环境的优化为数字经济的发展提供了坚实的保障。数字经济的快速发展离不开政府在技术研发、基础设施建设、知识产权保护等方面的积极推动，这些措施不仅促进了技术创新和产业升级，还营造了有利于数字经济蓬勃发展的良好环境。

（一）政策引导与法规保障

数字经济的发展需要科学合理的政策体系来引导和规范。我国政府通过一系列战略规划和政策措施，为数字经济的发展指明了方向，并提供了有力的支持。例如，《"十四五"数字经济发展规划》明确了我国数字经济"十四五"时期的发展目标和重点任务，强调要以数据资源为关键要素，推动数字技术与实体经济深度融合。"十四五"数字经济发展主要指标如表1-1所示。此外，国家还出台了一系列具体的扶持政策，如《国务院关于加强数字政府建设的指导意见》，旨在通过数字化手段提升政府治理效能，进而为数字经济创造更好的发展条件。

表 1-1 "十四五"数字经济发展主要指标

指标	2020 年	2025 年	属性
数字经济核心产业增加值占 GDP 比重（%）	7.8	10	预期性
IPv6 活跃用户数（亿户）	4.6	8	预期性
千兆宽带用户数（万户）	640	6000	预期性
软件和信息技术服务业规模（万亿元）	8.16	14	预期性
工业互联网平台应用普及率（%）	14.7	45	预期性
全国网上零售额（万亿元）	11.76	17	预期性
电子商务交易规模（万亿元）	37.21	46	预期性
在线政务服务实名用户规模（亿）	4	8	预期性

资料来源：《"十四五"数字经济发展规划》。

（二）优化营商环境与公平竞争

良好的营商环境是数字经济蓬勃发展的重要保障。我国政府致力于优化市场环境，降低进入壁垒，推动传统行业与数字技术的深度融合，鼓励跨行业、跨领域的协同创新。比如，在农业领域，政府推广智慧农业项目，利用物联网、大数据等技术提高农业生产效率；在制造业方面，则大力推行智能制造，支持企业采用先进的自动化设备和技术，实现生产过程的智能化管理。

与此同时，我国政府也十分重视维护市场的公平性和透明度，强化对数字平台经济的监管，防止不正当竞争行为的发生。近年来，针对互联网巨头垄断市场、滥用用户数据等问题，有关部门采取了一系列行动，包括制定反垄断指南、加强执法力度等，旨在构建一个更加公正开放、有序竞争的市场环境。例如，2021 年发布的《国务院反垄断委员会关于平台经济领域的反垄断指南》明确指出，将加强对大型平台企业经营行为的监督，严禁任何形式的不公平交易和限制竞争活动。

综上所述，数字经济的蓬勃发展并非单一因素作用的结果，而是多重因素协同演进的产物。其中，数据要素价值的释放、数字基础设施的完善、技术创新的持续突破以及政策环境的优化，构成驱动数字经济发展的重要引擎。这些因素相互交织、彼此强化，共同推动数字经济的快速发展和深刻变革，重塑全球经济结构和社会形态，并引领我们走向一个充满机遇与挑战的数字时代。

第五节　数字经济的发展现状

数字经济是经济发展中创新最活跃、增长速度最快、影响最广泛的领域，对增强发展新动能、提升发展韧性、畅通发展循环等具有重要作用，是培育壮大新质生产力的重要支撑。

一、全球数字经济发展现状

近年来，全球数字经济快速发展，已成为驱动经济增长、产业升级和社会变革的重要力量。2023 年，美国、中国、德国、日本、韩国五个国家的数字经济总量超过 33 万亿美元，占全球 GDP 的 60%，较 2019 年提升约 8 个百分点。2025 年，数字经济对全球 GDP 的贡献率预计接近 25%，中国信息通信研究院预测 2025 年我国数字经济规模将超过 60 万亿元[①]。

《全球数字经济发展指数报告（TIMG2024）》显示，2013 年以来全球数字经济快速发展，而近两年来，整体增长速度有所放缓。2023 年全球 TIMG 指数从 2019 年的 52.76 上升至 2023 年的 55.61，增长幅度为 5.40%。TIMG 指数的全球平均水平增长有所放缓。近年来，数字基础设施持续为全球数字经济发展提供动力，数字治理对全球数字经济的驱动作用逐渐凸显；而数字市场扩张的驱动力量出现一定的下滑，国家间数字技术发展存在较大差异。从国别差距来看，不同国家之间数字经济发展水平的差异收敛有所放缓。从总指数来看（见表 1-2），2023 年，美国、英国、新加坡是 TIMG 指数排名最高的国家，中国排名全球第五。从细分指数来看，2023 年，数字技

---

① 中国信通院发布"ICT 十大趋势"：2025 年我国数字经济规模将超 60 万亿元［EB/OL］.（2023-01-09）. http：//finance. people. com. cn/n1/2023/0109/c1004-32602805. html.

术指数方面，美国、中国、英国是全球排名前三的国家；数字基础设施指数方面，美国、中国、新加坡是全球排名前三的国家；数字市场指数方面，美国、中国、英国排名全球前三；数字治理指数方面，新加坡、芬兰、丹麦排名全球前三。中国在数字技术、数字市场和数字基础设施领域的优势较大，在数字治理方面与领先国家相比还存在一定的差距。

表 1-2　基于不同数字经济指数的国家排名

排名	国家	TIMG 指数（2023 年）	TIMG 指数（2019 年）	相比 2019 年排名变化
1	美国	94.63	92.83	0
2	英国	87.40	85.29	0
3	新加坡	86.63	82.18	0
4	德国	84.62	79.70	0
5	中国	84.46	79.52	0
6	荷兰	81.84	78.06	2
7	日本	80.70	78.97	−1
8	韩国	80.25	78.10	−1
9	瑞典	80.17	77.65	2
10	加拿大	79.79	75.91	2
11	法国	79.51	77.98	−2
12	芬兰	79.47	75.55	1
13	瑞士	79.15	74.88	1
14	澳大利亚	79.01	77.66	−4
15	阿联酋	76.81	71.96	1
16	丹麦	76.06	73.32	−1
17	挪威	74.60	71.34	1
18	以色列	74.39	70.93	1
19	爱尔兰	74.19	71.73	−2
20	奥地利	73.74	68.70	3

资料来源：参见《全球数字经济发展指数报告（TIMG2024）》。

二、我国数字经济发展现状

近年来我国数字经济发展迅猛，已成为推动经济增长的重要引擎和全球数字经济版图中的关键力量。2024 年 8 月中国信息通信研究院发布的《中国数字经济发展研究报告（2024 年）》显示，2023 年我国数字经济的规模达到 53.9 万亿元，数字经济占 GDP 的比重达到 42.8%，数字经济增长对 GDP 增长的贡献率达 66.45%。得益于庞大的市场规模、丰富的数据资源以及不断完善的数字基础设施，我国在电子商务、移动支付、人工智能、云计算和 5G 通信等领域取得显著成就。

（一）数字经济规模扩张稳步推进

我国数字经济自 2012 年以来进入加速发展周期，数字经济规模由 2012 年的 11.2 万亿元增长至 2023 年的 53.9 万亿元，11 年间规模扩张了 3.8 倍[①]。其中，数字经济规模由 10 万亿元增长至 30 万亿元只用了 6 年，由 30 万亿元增长至 50 万亿元仅用了 4 年[②]。2023 年，在党中央一系列政策利好的刺激下，我国数字经济规模扩张稳步推进，较 2022 年增长 3.7 万亿元，增幅扩张步入相对稳定区间。随着数字经济规模的不断扩大，其在我国经济转型升级中的作用越发凸显。

（二）数字经济在国民经济中的地位和作用进一步凸显

数字经济具有技术水平较高、创新能力较强、渗透作用较大、辐射带动范围较广等特征，数字经济新模式新业态的发展壮大，经济社会全面的数字化、网络化、智能化转型，对增强科技创新能力、构建现代化产业体系、推进经济高质量发展具有重要意义。2023 年，数字经济在国民经济中的地位进一步提升，我国数字经济占 GDP 的比重达到 42.8%，较 2022 年提升 1.3 个百分点，数字经济是国民经济的关键支撑和重要动力。从增速来看，2023 年，数字经济持续支撑经济稳增长目标实现，我国数字经济同比名义增长 7.39%，高于同期 GDP 名义增速 2.76 个百分点，数字经济增长对

① 从 11.2 万亿元到 53.9 万亿元——数字经济发展动能强劲［EB/OL］.（2024 - 09 - 24）. https：//www.gov.cn/yaowen/liebiao/202409/content_6976033.htm.

② 2025-2029 年中国未来产业之数字经济行业趋势预测及投资机会研究［EB/OL］.（2024 - 12 - 26）. https：//www.ocn.com.cn/industry/202412/aeilo26080628.shtml.

GDP 增长的贡献率为 66.45%，有效提升了我国经济发展的韧性和活力。未来，数字经济总量将持续增长，占 GDP 的比重也将不断提升。

（三）数字经济融合化发展趋势进一步巩固

我国数字经济发展质量进一步提升，内部结构中，数字产业化与产业数字化的比例由 2012 年的约 3∶7 发展为 2023 年的约 2∶8，数字经济的赋能作用、融合能力得到进一步发挥[①]。2024 年，由中国国际经济交流中心、腾讯研究院、腾讯云三方联合撰写的《数字技术助力新质生产力发展报告》正式发布。根据该报告可知，2023 年中国数字产业化规模达到 10.09 万亿元，占 GDP 的比重达到 18.7%；中国产业数字化规模达到 43.84 万亿元，占数字经济比重达到 81.3%，占 GDP 比重为 34.77%。从全球数字化发展进程来看，"云计算"是推进数字化最为有效和经济的方式，也是人工智能等新技术在千行百业落地的核心载体。[②]"数字+"模式不断深化，推动数字产业与各行各业的深度融合，孕育出数字经济的新模式、新业态，加速传统行业的数字化升级。

（四）数字经济和实体经济融合发展持续拓展深化

数字技术的充分运用，推动实体经济全要素数字化转型，数字经济和实体经济深度融合实现量的合理增长和质的有效提升。党的十八大以来，我国数字经济和实体经济融合发展基础进一步夯实，融合程度持续拓展深化。从绝对规模来看，2023 年，我国第一、二、三产业数字经济占行业增加值比重（以下简称"数字经济渗透率"）分别为 10.78%、25.03% 和45.63%，数字经济和实体经济融合持续深入。从相对规模来看，2023 年，我国第一、二、三产业数字经济渗透率同比分别提升 0.32 个、1.03 个和0.91 个百分点，第二产业数字经济渗透率增幅首次超过第三产业，第一产业稳步推进、第二产业加速渗透、第三产业纵深拓展成为主要趋势特征。党的二十届三中全会明确提出，要健全促进实体经济和数字经济深度融合的制度，加快构建促进数字经济发展的体制机制。

---

① 中国信息通信研究院发布的《中国数字经济研究报告（2024）》。

② 中国国际经济交流中心，腾讯研究院，腾讯云．数字技术助力新质生产力发展报告［EB/OL］．（2024-09-06）．https：//www.sohu.com/a/806910040_120012740.

第二章　数字贸易

　　数字贸易是数字经济时代国际贸易的创新形态，涵盖利用数字技术实现的各类跨境商品与服务交易活动。近年来，随着人工智能、云计算、大数据、区块链等新兴技术的迅猛发展以及全球互联互通程度的不断加深，国际贸易的运行方式、市场结构与竞争格局正在发生深刻变革，数据逐步成为推动贸易增长的战略性资源与关键生产要素。本章将系统阐述数字贸易的基本内涵、特征与分类，探讨数字贸易对传统贸易理论的挑战，随后介绍数字贸易的主要内容，最后分析数字贸易治理的主要问题、国际规则演进与我国实践及未来趋势。

第一节　数字贸易的内涵、特征与分类

一、数字贸易的内涵

（一）数字贸易的定义

　　数字贸易的定义有狭义与广义之分。在狭义视角下，数字贸易主要指数字交付贸易，即以数字技术为基础实现的完全或主要通过数字形式交付的贸易，包括数字产品、数字化的知识与信息、数字服务。

　　在广义视角下，数字贸易则不仅包括数字交付贸易，也包括数字订购贸易，即通过数字技术订购、交易、支付，并进行线下交付的实体商品和

服务的跨境贸易（跨境电子商务）。商务部发布的《中国数字贸易发展报告（2022）》中持广义定义，指出数字贸易是以数据资源为关键生产要素、以数字服务为核心、以数字订购与数字交付为主要特征的对外贸易新形态。数字贸易既包括通过在线平台下单购买并数字化交付的数字产品和服务，也包括在线订购、线下物流交付的实物商品贸易。例如，通过跨境电商平台销售实体商品的贸易活动，在广义范畴中也被视为数字贸易的重要组成部分。由此可见，广义定义的核心是贸易方式的数字化，狭义定义的核心是贸易标的的数字化。

（二）数字贸易与电子商务、服务贸易和传统货物贸易的关系

数字贸易与电子商务既有联系又有区别。一方面，数字贸易的发展以电子商务为基础和前提。狭义数字贸易有时被视为服务贸易在数字经济时代的延伸，与传统服务贸易一脉相承。另一方面，数字贸易在广义上涵盖的范围超出了传统电子商务范畴。电子商务通常侧重于交易方式的线上化，数字贸易则强调交付方式的数字化。简言之，电子商务更多描述贸易过程如何发生，而数字贸易还关心贸易标的本身是否以数字形式交付。传统货物贸易由于实物商品需线下交付，只有其交易流程数字化时才被纳入数字贸易。数字贸易可以被视为传统贸易在数字经济时代的升级和拓展，其内涵既覆盖服务贸易数字化，也包含贸易方式数字化。数字贸易囊括电子商务和数字化服务，但因数字技术的深入应用而呈现出新的特征与更广的外延（见表2-1）。

表2-1　数字贸易与电子商务、服务贸易和传统货物贸易的关系

类别	定义	范围	交易对象	交易方式
数字贸易	通过互联网或数字技术进行的商品、服务、数据及知识产权的跨境交易与交付	涵盖数字化商品、数字服务、在线平台交易、数据流动等	数字化产品、服务、数据、知识产权等	在线传输、云端交付、电子支付等
电子商务	通过电子网络实现的商品和服务买卖，包含B2B、B2C、C2C等模式	线上零售、在线批发、部分线上服务交易	实体商品、部分数字商品、线上服务等	电商平台交易、移动支付等

续表

类别	定义	范围	交易对象	交易方式
服务贸易	以服务为标的的跨境交易	教育、金融、咨询、旅游、技术服务等非实物交易	服务，如教育、咨询、医疗等	线上或线下交付
传统货物贸易	以实体货物为核心的跨境贸易，通常依赖物流运输和线下交易流程	大宗商品、制造业产品、农产品等	实物商品	海运、陆运、实体商超交易等

二、数字贸易的特征

数字贸易作为新兴的贸易形态，与传统贸易有诸多区别，具体包括以下几个方面的特征：

第一，虚拟化。数字贸易的虚拟化属性具体表现在以下三个方面：生产过程中使用数字化知识与信息，即要素虚拟化；交易在虚拟化的互联网平台上进行，使用虚拟化的电子支付方式，即交易虚拟化；数字产品与服务的传输通过虚拟化的方式，即传输虚拟化。

第二，平台化。在数字贸易中，互联网平台成为协调和配置资源的基本经济组织，不仅是汇聚各方数据的中枢，更是实现价值创造的核心。平台化运营已经成为互联网企业的主要商业模式，淘宝等电子商务平台是其中的典型代表。此外，传统企业也致力于通过平台化转型提升竞争力。

第三，集约化。数字贸易能够依托数字技术实现劳动力、资本、技术等生产要素的集约化投入，促进研发设计、材料采购、产品生产、市场营销等各环节的集约化管理。

第四，普惠化。在传统贸易中处于弱势地位的群体，在数字贸易中能够积极、有效地参与到贸易中并且从中获利。数字技术的广泛应用大大降低了贸易门槛，中小企业、个体商户和自然人都可以通过互联网平台面向全国乃至全世界的消费者。

第五，个性化。随着个人消费者越来越多地参与到数字贸易中，个性化的需求也越来越受到重视。商家很难再靠标准化的产品与服务获利，根据消费者的个性化需求提供定制化产品与服务成为提升竞争力的关键。消费者在跨境网购时对商品的多样性有强烈追求，不仅仅局限于爆款和标品，面对海量选品，消费者的选择非常多样化，长尾选品（原来不受重视的销量小但种类多的产品或服务）的销量增长明显。

第六，生态化。数字贸易背景下，平台、商家、支付、物流、政府部门等相关方遵循共同的契约精神，平等协商，沟通合作，共享数据资源，共同实现价值的创造，形成了一个互利共赢的生态体系。

三、数字贸易的分类①

（一）国际组织的数字贸易分类

2020 年 3 月，经济合作与发展组织（OECD）、世界贸易组织（WTO）、国际货币基金组织（IMF）联合发布《数字贸易测度手册》，将数字贸易定义为"所有通过数字订购和/或数字交付的贸易"（以下简称"OECD-WTO-IMF 概念框架"）。按照交易方式划分，数字贸易包括两个部分：第一，数字订购贸易，引用 OECD 关于电子商务的定义，强调通过专门用于接收或下达订单的方法在计算机网络上进行的交易；第二，数字交付贸易，引用联合国贸发会议（UNCTAD）工作组提出的可数字化交付服务概念，强调通过 ICT 网络以电子可下载格式远程交付的所有跨境交易。数字中介平台为交易双方提供交易平台和中介服务，在数字订购贸易和数字交付贸易中发挥重要作用。

（二）我国商务部的分类

我国商务部对数字贸易的分类，主要体现于服务贸易和商贸服务业司每年发布的《中国数字贸易发展报告》中，其主要以 OECD-WTO-IMF 概念框架为基础，结合我国产业发展特点对数字交付贸易进一步细化，与国家统计局《数字经济及其核心产业统计分类（2021）》相契合，为有效制定数字贸易发展政策提供支撑。

具体来说，按照交易标的将数字订购贸易分为跨境电商交易的货物和服务；数字交付贸易细分为数字技术贸易、数字服务贸易、数字产品贸易、

---

① 中华人民共和国商务部服务贸易与商贸服务业司. 中国数字贸易发展报告 2021 ［R］. 2022.

数据贸易。其中，数字技术贸易指通过信息通信网络交付应用于智能生产的信息技术服务，包括计算机软件服务、通信技术服务、大数据服务、云计算、区块链技术服务、工业互联网服务等。数字服务贸易指全部或部分通过数字形式交付的跨境服务贸易，包括互联网平台服务、数字金融与保险、远程教育、远程医疗，以及管理与咨询等传统服务的数字交付部分。数字产品贸易指以数字形式通过信息通信网络传播和收发的数字产品贸易，包括数字游戏、数字动漫、数字内容出版、数字广告、数字音乐、数字影视等。数据贸易方面，目前跨境数据流动相关业务内嵌在数字产品贸易、数字服务贸易、数字技术贸易中。随着数据产权、数据确权、数据治理等相关法律法规的发展和完善，未来数据贸易或将分离，成为独立的贸易形态。

综上所述，数字交付贸易和数字订购贸易共同构成了数字贸易。两者有重叠的部分，如在线订购且在线交付的服务同时属于数字订购和数字交付贸易（见图 2-1）。随着统计口径的完善，国际组织正尝试将数字贸易各部分进行综合核算，以准确反映数字经济时代贸易的新格局。

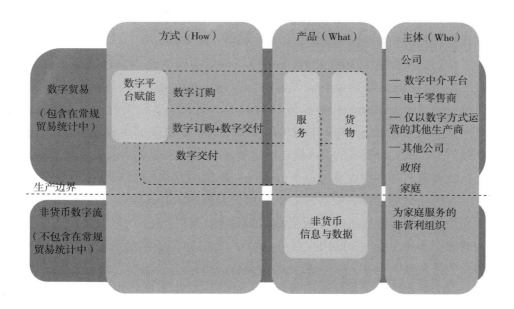

图 2-1 数字贸易概念框架

资料来源：参见 2023 年世界贸易组织（WTO）、经济合作与发展组织（OECD）、国际货币基金组织（IMF）和联合国贸易和发展会议（UNCTAD）共同发布的《数字贸易测度手册（第二版）》。

第二节　数字贸易对传统贸易理论的挑战

数字贸易的快速发展深刻改变了国际贸易的成本结构、市场模式和竞争机制，传统贸易理论以比较优势、要素禀赋和规模经济为核心，难以充分解释以数据、平台和网络效应为特征的新贸易形态。

一、对比较优势理论的挑战

比较优势理论是国际贸易的基石之一。李嘉图的比较优势模型假设以两国两种商品、唯一投入要素为劳动、各国生产技术存在差异且规模报酬不变。在这些前提下，即使一国在所有商品的绝对成本上都处于劣势，只要各国的相对成本不同，每个国家仍然能够在其相对劣势较小的商品上拥有比较优势。各国据此进行专业化生产，出口具有比较优势的产品、进口比较劣势的产品。比较优势理论揭示了即便国家发展水平不同也能通过分工贸易获得收益的原因，奠定了传统贸易理论的基础。

然而，在数字贸易兴起的背景下，比较优势理论的内涵和适用条件发生了变化。首先，数字经济时代催生了新的比较优势来源。劳动、土地等传统要素禀赋所带来的优势作用相对减弱，而数字基础设施、人力资本、数字技术以及数字经济相关的制度环境等成为日益重要的比较优势。其次，数据作为关键生产要素的引入使比较优势呈现出内生化和动态发展的特征。与传统要素不同，数据具有可复制、可反复使用且边际成本趋近于零的属性。一国在数字贸易中积累的数据和用户规模越大，其分析挖掘能力和服务质量就越强，从而进一步强化该国的竞争优势，形成"强者恒强"的马太效应。这种比较优势的内生性导致数字贸易领域的市场结构更趋向于垄断竞争甚至寡头垄断，少数先行进入者往往占据主导地位。最后，比较优势的内生化使数字贸易呈现明显的先发优势，这对经典理论所推崇的自由贸易原则提出了挑战。当某些国家率先建立了数据和技术方面的领先优势后，后发国家即使开放市场也难以追赶，国家间竞争差距可能不断拉大。在这种情况下，各国为在数字贸易中占据战略优势，倾向于实施更为积极的产业政策与数字经济战略，强化对本国产业的政策支持和资源配置力度，这对传统自由贸易原则构成了明显挑战。

二、对要素禀赋理论的挑战

要素禀赋理论是新古典贸易理论的核心，由赫克歇尔和俄林提出的要素禀赋定理解释了贸易格局与一国要素相对丰裕程度之间的关系。该定理假设各国生产技术相同、存在两种生产要素（如劳动和资本）且投入比例不同，各国会出口密集使用本国相对丰裕要素的产品，进口密集使用本国稀缺要素的产品。要素禀赋理论丰富了比较优势的来源，将贸易模式与资源禀赋联系起来，并由此推导出一系列重要命题，如要素价格均等化定理和斯托尔珀—萨缪尔森定理等。

在数字贸易时代，要素禀赋理论的一些传统结论面临冲击。首先，数字技术的发展使产品的要素密集度不再固定。高度自动化和人工智能的应用为生产提供了更多替代方案，即资本可以在更大范围内替代劳动。这意味着原本以劳动密集型闻名的发展中国家，可能因为发达国家在相关产业率先实现了自动化而失去比较优势。例如，过去农业在多数国家都是劳动密集型产业，但机器人和无人机等技术的普及使发达国家可以用资本密集型方式从事农业生产，从而逆转传统上由劳动丰裕国家主导的贸易格局。

其次，这种要素密集度的变化也可能改变贸易对国内要素收益的影响方向。按照斯托尔珀—萨缪尔森定理，贸易开放有利于提高一国相对丰裕要素的回报，缩小发展中国家的收入差距。如果发达国家利用数字技术实现了比较优势逆转，减少了对发展中国家劳动密集型产品的进口需求，迫使发展中国家转向资本密集型产品的出口，那么发展中国家劳动者的相对收益反而可能降低，从而使贸易加剧而非缓解国家间的收入不平等。因此，数字贸易条件下，传统贸易理论关于要素收益和分配效应的判断需要重新审视。

此外，信息技术降低了跨国交易中的信息不对称和运输成本，使产品价格在全球范围内更易趋于一致，在一定程度上有助于实现要素价格趋同。然而，数字经济时代各国技术水平和数字资源禀赋存在显著差异，加之数字市场中出现的规模经济和垄断现象，不符合要素价格均等化严格假设。因此，要素价格的国际趋同难以实现。

三、对新贸易理论的挑战

新贸易理论由克鲁格曼等经济学家提出，强调规模经济和产品差异化对贸易模式的重要影响。新贸易理论指出，即使国家之间资源禀赋相似，发展水平相当，由于规模经济的存在，企业倾向于生产有限种类的差异化产品，达到扩大生产规模实现摊薄固定成本的目的，消费者则追求产品差异化，这种双重作用下的产业内贸易因此得以实现。

在数字贸易背景下，新贸易理论中的若干假设与结论同样面临挑战。一方面，数字技术的应用使生产模式更加柔性化，实现规模经济所需的最小产量门槛降低。企业借助网络平台可以与消费者实时互动，根据个性化需求快速迭代产品。另一方面，通过互联网聚合全球需求，曾经小众的"长尾"产品也能找到足够买家而进入国际市场，消费者能以更低成本获得丰富多样甚至定制化的商品。这意味着数字时代的很多行业更接近于垄断竞争结构，充满众多产品差异化的参与者，而非工业时代少数巨头垄断的大规模生产。数字产业的规模经济呈现出新的特征，其固定成本更多来自数据和技术的积累，而非传统工业中的厂房和机器设备投资。以搜索引擎和电商平台为例，这些数字平台需要投入大量成本建立海量数据处理能力和专业技术团队，而一旦平台建立，其服务复制成本却极低，容易形成面向全球市场的垄断性企业。数字贸易促使新贸易理论更加关注网络效应、数据要素和产品差异的极大化，需要在原有规模经济分析框架中纳入这些数字经济的特有因素。

四、对新新贸易理论的挑战

新新贸易理论，即异质性企业贸易理论，由梅里兹等学者开创，将企业层面的异质性引入国际贸易分析。传统贸易理论和新贸易理论多从国家或产业视角出发，假定行业内企业是同质的，而异质性企业贸易理论则认为企业在生产率、规模等方面存在差异。该理论构建了垄断竞争市场的一般均衡模型，解释了只有一部分高生产率企业能够克服出口成本进入国际市场，而低生产率企业只能服务国内市场的现象。通过"自我选择效应"，贸易导致资源向更高效率的企业集中，从而提高整体产业生产率，同时企业加成成本下降和自由贸易吸引了更多产品种类进口，使消费者的福利上升。这一微观视角的引入完善了贸易理论，对企业进入出口市场的决策差异和贸易带来的福利效应给出了新的解释。

在数字贸易时代，异质性企业贸易理论也面临新的挑战。首先，传统异质性企业模型往往假设企业效率分布给定，而事实上数字经济环境下企业可以通过技术升级主动提升生产率水平，这就要求理论上考虑生产率的内生演进。其次，数字贸易大幅降低了企业参与国际贸易的门槛。跨境电商平台、在线支付和物流网络的兴起，使众多中小企业能够以较低成本接触海外消费者。信息搜寻、客户对接、谈判签约等过去高昂的固定出口成本在数字化平台上被极大压缩，企业进入国外市场变得更加灵活便利，使出口参与者的范围扩展，传统模型中只有大型企业出口的结论被弱化，大量中小企业也能分享全球市场机遇。当然，需要注意的是，数字贸易虽然降低了传统贸易成本，但也引入了一些新的制约因素。例如，各国针对数字经济的监管措施不断出台，如数字服务税、数据本地化要求等，这些都会增加数字企业跨国经营的不确定性和合规成本。因此，异质性企业贸易理论也需要关注这些数字时代的新成本和政策因素，对企业出口决策和竞争格局的影响加以考量。

数字贸易以其独特的技术基础和商业模式，对经典的比较优势、要素禀赋、规模经济和企业异质性等贸易理论提出了新的挑战。数字经济条件下，生产要素的内涵、贸易成本的结构以及市场竞争形式都发生了重大变化，促使我们在既有贸易理论框架中融入新的要素和假设，加以修正和完善。尽管传统贸易理论仍是理解数字贸易的起点，但面对数字化带来的贸易格局演变，需要构建一个融合传统与新兴要素的综合性理论体系，以更全面地解释数字贸易现象，并为政策制定提供更有效的理论指导。

第三节　数字贸易的内容

一、贸易数字化：传统贸易的智能升级路径

贸易数字化是指利用数字技术对传统贸易流程进行改造和赋能，其核

心是通过跨境电子商务等数字平台，实现买卖双方的高效对接和信息交互，从而降低交易成本、缩短交易时间并扩大市场范围。贸易数字化使传统的货物贸易突破了时空限制，中小企业也能通过数字平台参与全球贸易，分享数字经济红利。

近年来，全球电子商务交易额快速增长。联合国贸发会议发布的报告指出，2021 年，43 个发达国家和发展中经济体的企业创造了近 25 万亿美元的电子商务销售额，约占这些经济体 GDP 总和的 3/4[①]。贸易数字化带来的变革不仅体现在交易前端的在线订购，还覆盖了整个贸易链条。例如，数字报关、电子单据和跨境支付系统的应用，提高了通关和结算效率；大数据和人工智能技术的运用，则使供需匹配更加精准，物流调度更加智能。数字技术驱动的贸易模式革命性变化正在发生，数字平台已成为贸易重要枢纽，数据流动成为关键要素。可以说，贸易数字化对传统贸易的全面赋能，不仅促进了贸易便利化，更带来了全球价值链的重塑。

二、数字产品贸易：数字化商品的跨境流通

数字产品贸易是指以数字形式存在的产品的生产、分发和跨境销售，包括数字游戏、数字出版、数字影视、数字动漫、数字广告、数字音乐等。与有形商品不同，数字产品通过互联网等信息网络即可传输交付，具有零边际复制成本、即时全球分发等特征。这类贸易属于前述"数字交付贸易"的重要组成，体现了贸易对象数字化的趋势。数字产品贸易打破了传统商品贸易对物流和库存的依赖，让创意和知识以电子形式直接服务全球消费者。例如，用户可以通过在线商店下载软件和游戏，通过流媒体平台获取音乐和影视内容。这种跨境流通方式极大拓展了文化产品和数字创意产业的国际市场。

当前，数字产品贸易规模日益壮大，尤其以数字娱乐和软件行业最为突出。当前，全球数字游戏市场规模已超过 2000 亿美元，许多国家将数字内容视为新的出口增长点：美国和日本的影视动漫、韩国的音乐和网络漫画、中国的电子游戏等数字产品纷纷"出海"，在海外获得大量用户和收

---

① UNCTAD. Business e-commerce sales and the role of online platforms [EB/OL]. (2024-06-13). https: //unctad. org/system/files/official-document/dtlecde2024d3_en. pdf.

入。例如，近年来，中国自主研发的网络游戏在全球市场表现亮眼，涌现出多款全球收入排名前列的产品。这表明数字产品贸易正成为文化输出和经济增长的新动力。数字产品出口不仅带来直接经济收益，还能提升国家文化软实力，在国际上树立本国的数字文化品牌。

然而，数字产品贸易也面临独特挑战。一是数字产品的知识产权和版权保护问题突出，盗版传播可能侵蚀正版市场和企业收益，这需要各国加强跨境版权合作与执法。二是数字壁垒的存在，一些国家出于文化安全或产业保护，对境外数字内容进入设置限制，形成数字贸易壁垒。三是数字产品的标准和内容合规问题，如游戏产品需要符合进口国的内容审查标准。随着数字经济的深化发展和全球数字贸易规则的完善，数字产品的跨境流通有望更加顺畅，为各国数字产业带来更广阔的发展空间。

黑神话：悟空——中国游戏出海的成功实践

《黑神话：悟空》是一款由中国游戏开发公司"游戏科学"（Game Science）开发的大型动作角色扮演游戏，取材于中国古典名著《西游记》，以精湛的画面和创新的玩法重现了"西游"世界。自2020年首次发布预告片以来，这款游戏凭借电影级别的画质和东方幻想题材在全球范围内引发关注，被视为中国游戏产业"出海"的标志性作品之一。经过数年的打磨，《黑神话：悟空》于2024年8月在全球同步发行，登录了多个游戏平台。游戏一经推出便广受国际玩家好评，上线三天全球销量即突破1000万份，创下游戏史上最快销量纪录之一。这一现象成功引起了国际主流媒体和行业观察者的关注。更值得一提的是，官方媒体也高度评价了《黑神话：悟空》的海外影响力：新华社称其"把过去、现在、未来深度融合，将独属于中国人的浪漫，真切地展现在世人面前，与世界分享。"，彰显出中国游戏作为文化输出的新潜力。

《黑神话：悟空》的成功充分展示了数字产品贸易尤其是数字游戏出口的巨大潜力。一方面，在经济效益上，一款现象级数字产品能够在全球市场快速获得高额销售，实现跨境数字版权贸易的价值最大化。游戏科学公司凭借《黑神话：悟空》在全球的热卖，不仅收获了可观的海外营收，也带动了相关周边产品和衍生版权的商业机会。另一方面，在文化影响上，这款游戏成为中国文化数字化输出的范例。通过高质量的互动娱乐形式，海外玩家在潜移默化中体验了中国特色的神话故事和美学元素，达到了一种"润物细无声"的文化传播效果，让国际受众对中华文化产生兴趣和共鸣。从行业角度来看，还反映出中国数字内容产业的技术水平和创意能力已跻身世界前列。政府和业界开始更加重视游戏等数字内容的软实力价值，鼓励企业在产品中融入本土文化元素，打造具有全球竞争力的数字文化品牌。当然，《黑神话：悟空》的出海也提醒我们关注数字产品贸易中的挑战，如需应对不同国家的内容监管和市场准入要求。但总体而言，该游戏的出海证明了高品质的数字产品完全可以成为国际贸易中的"爆款"商品，推动一国数字经济从服务国内走向服务全球。

（资料来源：根据百度百科、维基百科、《人民日报》、新华网报道等资料综合整理。）

三、数字服务贸易：服务的数字化跨境提供

数字服务贸易是指通过数字网络远程提供服务并进行跨境交换的贸易形态，包括跨境电商的平台服务及金融、保险、教育、医疗、知识产权等线上交付的服务等广泛领域。与传统服务贸易相比，数字服务贸易依托通信技术实现供需双方远程对接和服务交付，使大量服务可以在线完成跨境交易。例如，企业通过网络外包软件开发或业务流程给海外团队，学生通过在线课堂接受异国教师授课，这些都是数字服务贸易的表现[1]。数字服务贸易属于典型的"数字交付贸易"，是数字贸易中增长最快、比重逐步提高的部分。

根据世界贸易组织的数据，2023年全球数字服务出口额达到约4.25万亿美元，占全球贸易的比重已上升至13.8%[2]。这一数值较新冠疫情前增长

---

[1]　随着制造业数字化的发展，新型3D打印日益成为国际贸易的重要组成部分。包含打印指令的设计文件可通过互联网跨境传输，并指导打印机逐层构建对象。在线平台提供此类文件的付费下载，与图片或文档等数字商品类似，亦应计入数字服务贸易。

[2]　WTO. Global Trade Outlook and Statistics [EB/OL]. https://www.wto.org/english/res_e/booksp_e/trade_outlook24_e.pdf.

了逾 50%，显示出数字服务需求在近年来的迅猛扩张。数字服务贸易在各国出口中的地位也日益突出，以欧洲为例，2023 年欧洲出口的服务中有超过一半通过数字方式交付。从具体行业来，其他商业服务（如研发服务、专业管理和技术服务）和电信、计算机、信息服务是数字交付最主要的领域，其次是金融服务和知识产权使用费等。这表明，不同行业均在加速实现服务的线上化与跨境提供。对于发展中国家而言，数字服务贸易既带来了机遇也提出了挑战。一方面，数字平台使发展中国家的服务提供商可以直接面向全球客户，开拓新的收入来源；印度等国家的数字服务出口高速增长就是明证——2023 年印度数字服务出口达 2571.2 亿美元，年增速17.3%[①]。另一方面，数字服务贸易要求良好的数字基础设施和技能储备，数字鸿沟可能使一些欠发达国家暂时难以充分受益。因此，国际组织呼吁加强数字能力建设，促进数字经济成果的普惠共享。

数字服务贸易的发展也带来一些政策和监管层面的新课题。例如，如何界定数字服务的监管归属和征税权？跨境数据流动和用户隐私如何平衡？数字垄断和不正当竞争如何防范？这些都成为数字贸易治理的新议题。在WTO 等多边机制下，各国已开始就电子商务和数字贸易规则展开讨论，内容涵盖数据跨境流动、数据本地化等方面。这些努力旨在为蓬勃发展的数字服务贸易建立公平、有序的国际规则环境。数字服务贸易作为数字时代的新兴贸易形态，正深刻改变着全球服务经济版图，成为推动国际贸易增长的重要引擎。

四、数据与数字技术贸易：新兴要素的国际交易

数据贸易和数字技术贸易是数字经济时代涌现的崭新贸易形态，反映了以数据和数字技术为核心要素的跨境价值交换活动。数据贸易一般是指数据的跨境流动。随着大数据成为关键生产要素，数据的跨境流动量呈爆炸式增长，个人数据跨境传输、工业数据共享等也日趋频繁，这为数据贸易创造了前提条件。然而，纯粹以数据为商品进行交易仍面临诸多挑战，包括数据确权、隐私保护、价值评估和监管合规等问题。因此，目前数据

---

① 中华人民共和国商务部服务贸易与商贸服务业司．中国数字贸易发展报告 2024 ［R］.2024.

贸易更多是嵌入在服务或技术解决方案中的隐性交易，而非公开市场上像商品那样买卖。但可以预见，未来随着国际规则逐步明确，数据贸易将在数字贸易中占据更加重要的位置。

数字技术贸易则是指围绕数字化技术本身所展开的贸易活动，包括软件、通信、大数据、人工智能、云计算、区块链、工业互联网等数字技术的跨境贸易。例如，一国的企业将自主研发的人工智能系统出口并部署到他国市场，通信公司向他国输出 5G 网络解决方案，或软件公司通过 SaaS 模式向全球用户提供软件功能，这些都可视作数字技术贸易。在数字技术贸易中，发达国家目前占据优势地位，它们通过输出高端软件、芯片设计、云计算平台等巩固了自身在全球价值链中的地位。不过，新兴经济体尤其是中国、印度等国家的数字技术也日益走向世界。例如，中国的移动支付、短视频平台和电子商务技术方案在一些发展中国家落地生根；印度的 IT 外包服务长期为跨国公司提供技术支持。可以说，数字技术贸易正在改变传统上由少数发达国家垄断技术输出的局面，促成更广泛的技术扩散和合作。

数据和数字技术贸易的健康发展离不开相应的国际治理。当数据跨越国境时，涉及不同司法管辖下的数据隐私和安全法规，各国在制定数据流动规则时需要在便利贸易与维护主权之间取得平衡。同样，数字技术输出也可能引发技术出口管制或标准之争。例如，出于国家安全考虑，一些国家对先进算法、加密技术等的出口实施管制，或在国际标准组织中围绕技术标准展开博弈。因此，实现数据和数字技术的自由贸易，需要构建信任机制和多边框架，涵盖数据保护、跨境执法协助、技术标准互认等内容。目前，经济合作与发展组织（OECD）和二十国集团（G20）等均在倡导关于跨境数据流动和可信人工智能的原则，各国也在数字贸易协定中加入相关条款，努力为数据与技术要素的全球流通创造制度条件。

第四节　数字贸易治理

数字贸易带来机遇的同时，也给现行的贸易治理体系提出了诸多前所未有的挑战。如何制定规则、协调政策以规范和促进数字贸易健康发展，已成为各国和国际社会关注的焦点。

一、数字贸易治理面临的关键挑战

（一）跨境数据流动与隐私安全

数据作为数字贸易的核心要素，在全球自由流动时产生巨大价值，但各国出于隐私保护和国家安全考虑往往对数据跨境传输施加限制。由此形成的数据主权与数据自由之争是数字贸易治理的首要难题。以欧盟为代表的一些经济体实施严格的数据保护法规，要求个人数据跨境传输需满足充分保护标准；而同时美国等强调数据流通对于数字经济的关键作用，希望避免过严的限制。这种法律和监管差异导致跨境数据流动面临合规困境，如欧盟法院曾两次以隐私保护不足为由废止欧美之间的"安全港/隐私盾牌"数据传输框架，引发大量跨国企业数据合规风险。我国近年来也出台了《中华人民共和国数据安全法》《中华人民共和国个人信息保护法》，对重要数据出境、安全评估等作出规定，以维护国家数据安全。如何在确保隐私安全的同时保障数据跨境流通，是数字贸易治理需要平衡的首要矛盾。当前，各国正尝试通过双边协议、区域合作等途径寻求解决方案，但全球层面的统一规则尚未形成。跨境数据治理的冲突与协调将长期存在，并深刻影响数字贸易的发展轨迹。

（二）平台垄断与市场竞争公平

数字贸易领域的头部平台企业凭借网络效应和数据优势，呈现出强大的市场支配力。这些数字巨头在带动贸易的同时，也引发了垄断和不正当竞争的担忧。典型问题包括"二选一"等平台排他策略阻碍竞争对手进入市场、算法偏序和大数据杀熟损害消费者利益、超级平台利用跨领域数据优势进行不公平竞争等。各国监管机构近年来对数字平台的反垄断执法日趋严格。例如，欧盟颁布了《数字市场法案》（DMA）以规范守门人平台行为[①]；我国亦在2021年对阿里巴巴"二选一"垄断行为处以182.28亿元罚款，震慑并纠正了国内平台的不正当竞争。然而，由于数字经济具有跨境

[①] 参见 Digital Markets Act（DMA）官网（https：//www.eu-digital-markets-act.com/）。

性，一个国家的监管措施往往无法约束平台在全球范围的行为。这带来数字贸易治理的另一个挑战，即跨境反垄断与协调监管。目前，各司法管辖区在平台反垄断标准和程序上尚未统一，这可能导致平台企业利用监管差异在不同市场采取不同竞争策略。为应对这一挑战，一些区域和国际层面开始探索合作，如国际竞争网络（ICN）讨论数字市场执法经验，七国集团（G7）也提出加强数字竞争政策对话。平台垄断问题的实质是数字贸易利益分配的失衡，需要在鼓励创新和维护公平之间取得平衡。只有形成有效的国际合作监管，防止垄断行为破坏市场开放，数字贸易才能在健康竞争的环境下持续发展。

（三）规则碎片化与数字鸿沟

当前，数字贸易相关规则呈现碎片化状态，各类协定和标准并存，增加了企业遵从成本和不确定性。此外，发展中国家和欠发达国家在数字基础设施和规则谈判能力上相对薄弱，可能被排除在高标准数字规则体系之外，从而加剧数字鸿沟。这也是数字贸易治理面临的长远挑战：如何包容性地制定全球数字贸易规则，确保不同发展水平的国家都能参与并受益。如果数字规则的制定主要由发达经济体主导，发展中国家的关切可能得不到充分体现，进而影响其参与数字贸易的积极性。当前，国际组织和多边场合正努力让更多国家加入讨论。在未来的治理框架下，平衡发达国家和发展中国家诉求、缩小数字能力差距将是一项长期课题。唯有如此，数字贸易规则才能获得广泛认同，数字经济的红利才能为全球共享。

二、国际规则演进与我国实践

（一）国际数字贸易规则的形成

近年来，面对数字贸易发展的诸多挑战，国际社会在多个层面推动数字贸易规则的演进。多边层面，自1998年起WTO实施电子商务暂不征收关税的谅解。2019年1月，中国、美国、欧盟等76个世界贸易组织成员发布联合声明，启动与贸易有关的电子商务议题谈判，旨在推动多边贸易体制与时俱进，帮助成员特别是发展中成员更好地融入国际贸易体系。区域和双边层面，各类新型贸易协定成为数字贸易规则"试验田"。例如，《全面与进步跨太平洋伙伴关系协定》（CPTPP）和《美墨加三国协定》（USMCA）中均设有数字贸易章节或数据流动相关条款。特别值得关注的是 2020 年签署的《数字经济伙伴关系协定》（DEPA），由新加坡、智利、新西兰发起，专门针对数字贸易制定了一系列规则，包括开放政府数据、数字身份互认、人工智能伦理等创新议题。这些区域协定推动了数字贸易规则从无到有，不断丰富完善。总体来看，国际数字贸易规则正处于碎片化探索到趋向协调的过渡期，各协议为特定成员提供规则保障，但全球统一规则体系尚未建立。在这一过程中，如何兼容不同规则体系、避免制度冲突也是一大挑战。可以预见，随着更多经济体参与和协定之间的对接，数字贸易国际规则有望逐步从分散走向聚合，形成若干被广泛接受的基础准则。

（二）我国的参与与治理实践

作为数字贸易大国，我国在国内治理和国际规则方面均积极作为。国内层面，近年构建了覆盖数字经济、数据安全、个人信息保护等领域的法律政策框架，奠定数字贸易治理基础。例如，出台《中华人民共和国电子商务法》规范电商平台责任，《中华人民共和国数据安全法》和《中华人民共和国个人信息保护法》为数据出境、安全评估、个人信息处理等制定明确规则；通过设立国家数据局等举措加强数据治理统筹。此外，持续推进"放管服"改革，在跨境数据传输、安全审查、数字支付监管等方面探索包容审慎的监管模式，以平衡创新发展和风险防范。在国际层面，积极参与WTO 电子商务议题谈判，主张赋予发展中国家更多政策空间。在区域合作层面，我国于 2021 年申请加入《数字经济伙伴关系协定》（DEPA），同时在 RCEP 框架下与亚洲伙伴推进电子商务合作。习近平主席在 2024 年 11 月的亚太经合组织第三十一次领导人非正式会议上提出的《全球数据跨境流动合作倡议》呼吁各国秉持开放、包容、安全、合作、非歧视的原则，平衡数字技术创新、数字经济发展、数字社会进步与保护国家安全、公共利益、个人隐私和知识产权的关系，在推动数据跨境流动的同时实现各国合法政策目标。我国还通过举办数字贸易博览会等方式，积极参与数字贸易治理的国际交流。一方面，完善国内治理为数字贸易保驾护航；另一方面，在国际舞台上从规则接受者逐步转变为规则参与制定者，努力在数字贸易治理中发挥建设性作用。在不断的实践探索中，我国数字贸易治理模式和经验将日益成熟，并为全球治理提供有益参考。

三、数字贸易治理发展趋势

数字贸易治理正在逐步走向协调与完善，呈现出多边规则趋同、数字主权与合作平衡、新兴技术监管创新等重要趋势。

首先，多边协调不断增强，规则逐步趋于统一。尽管当前全球数字贸易规则尚存碎片化倾向，但 WTO 电子商务谈判、OECD 数字税收"双支柱"方案等多边磋商正逐渐推动共识形成，成为未来统一规则的雏形。同时，以《数字经济伙伴关系协定》（DEPA）为代表的区域协定也不断扩大成员规模，并逐渐实现与其他区域规则的兼容互操作，减少企业跨境经营的制度摩擦。未来，在数据流动、网络安全与消费者保护等核心领域，有望形成若干全球通用的基准规则。

其次，数字主权与国际合作实现动态平衡。数字经济发展促使各国更加重视维护自身数字主权，在数据跨境流动、安全管理方面强化监管。但数字贸易的跨国性又要求各国必须采取开放的态度加强合作。因此，各国未来会在坚持本国主权的基础上深化国际协作。例如，2023 年，世界经济论坛（WEF）发布的白皮书《从碎片化到协调：跨境数据流动的制度机制方案》提出，2023 年是"可信数据自由流动"实施过程中的重要里程碑，建议从 G7 成员国开始建立一个永久性的新机制，以弥补现有国际机制的不足。此外，国际合作将更加注重包容性，考虑发展中国家的利益，从而获得更广泛的支持。

最后，新兴技术治理将更加前瞻化与柔性化。人工智能、大数据和物联网等技术日益深入数字贸易，前瞻性地制定相关技术的伦理准则、安全标准变得更加重要。同时，为适应技术快速演进的特征，监管模式将变得更加柔性和创新。"监管沙盒"等创新监管手段将被广泛采用，监管者允许新技术、新业态在受控范围内先行试点，避免扼杀创新活力。此外，大数据和人工智能也开始用于监管辅助，帮助实时智能监测跨境贸易行为，提升监管效率与精准度。

总之，数字贸易治理正从探索逐步迈向体系化发展阶段。各国通过持续的对话和合作，将逐渐建立起兼顾安全、公平与开放的数字贸易治理新框架，并深刻影响全球贸易格局及数字经济未来发展方向。

第三章　数字营销

　　数字营销是驱动商业经济转型的核心引擎。它基于大数据精准触达用户，重构营销方法与策略，有助于企业降低获客成本，重构商业链路，实时反馈优化决策，实现资源高效配置，并赋能消费者个性化互动，提升消费体验。数字营销以数字技术链接供需，推动"数据—流量—转化"闭环，成为数字经济时代企业增长与社会创新的关键发展路径。本章首先从数字营销的内涵与特征出发，揭示数字营销的主要类型及其核心方法；其次从数据要素的视角出发探讨大数据及其精准营销构成数字营销的本质内涵，揭示大数据在数字营销中的基础要素地位，大数据驱动精准营销的变革机理和特征，以及大数据精准营销体系的构建。最后对数字营销策略的演进历程进行比较研究，搭建了数字营销的效果评估流程。

第一节　数字营销的内涵与特征

一、数字营销的内涵

　　数字营销的内涵经历了不断更新的发展历程，其内涵和外延不断拓展。Bill Bishop 在 1996 年出版的 *Strategic Marketing for the Digital Age* 一书中首次使用了"数字营销"的概念，并讨论了互联网时代数字营销的兴起以及数字营销成功的十大策略。因此，早期的数字营销概念与互联网发展相伴而生，认为数字营销是利用互联网和互动媒体进行营销的过程（Downes and Greenstein，2002）。随着互联网演变为支持交互与协作的平台，企业开始构建复杂的网站以提升在线可见度，催生了搜索引擎的快速发展，并重塑了传统广告模式。同时，电子邮件的发展也使用户触达更加便捷，电子邮件营销成为强大工具，使企业能够以极低的成本向庞大受众推送个性化信息。

随着大数据、人工智能等数字技术的成熟和广泛应用，数字营销的内涵被进一步更新。美国营销协会认为，数字营销是利用大数据、人工智能等数字技术，为客户创造和传递价值的营销活动（乔朋华等，2024）。Krishen 等（2021）认为，数字营销是企业在电子平台上通过技术设备进行的营销活动，其核心是应用数据驱动策略和信息通信技术工具来实现营销目标，包括消费者间（C2C）和企业对消费者（B2C）环境中的客户关系管理（CRM）、品牌推广和客户互动。在这一阶段，大数据和人工智能等数字技术的发展成为驱动数字营销的关键力量，这有助于打破传统营销的时间和空间边界，通过提供更透明信息和更多元的互动渠道为消费者赋能，提升消费者的互动性与参与感。

当前，人工智能、物联网等数字技术的进一步成熟与发展，推动数字营销概念的边界向生态系统拓展，体现为多元技术的生态融合和多元主体价值共创。Herhausen 等（2020）提出数字营销是数字技术驱动的活动、制度和流程变革，有利于企业为用户创造、沟通和传递价值。数字营销的动态演进过程，是数字技术持续迭代的结果。他们从能力的视角提出技术生态系统在营销中的重要作用，将数字营销视为多方参与的价值网络，其由多元数字技术组合协同支撑。Herhausen 等（2020）则注重多元主体价值共创，认为数字营销就是通过数字相关技术来强化企业与顾客及合作伙伴之间的互动以更好地创造、传递和分享价值。无论是从技术角度还是主体角度来看，当前都普遍接受数字营销的生态系统观。有效开展数字营销，既需要依托多元化数字技术打造数字营销平台，也需要多元主体嵌入数字平台并开展价值共创。

数字营销是指利用数字技术和互联网平台，通过各种数字化渠道和工具，如网站、社交媒体、搜索引擎、电子邮件、移动应用等，向目标受众传播品牌信息、推广产品或服务，以实现营销目标的一系列活动。它是传统营销在数字时代的延伸和发展，借助数字技术的优势，更精准、高效地与消费者进行互动和沟通。数字营销的外延涵盖了各种在线和移动场景下的营销活动。不仅包括传统的电商平台营销、搜索引擎营销、社交媒体营销等，还涉及新兴的领域，如短视频营销、直播营销、虚拟现实（VR）/增强现实（AR）营销等。随着技术的不断发展，数字营销的应用场景还在不断拓展和创新，几乎覆盖了人们日常生活和消费的各个方面。数字营销的发展促使企业的商业模式发生变革，它为企业提供了新的价值创造和传递方式，如共享经济模式下的平台企业，通过数字营销连接供需双方，实现资源的高效配置和价值共享；订阅经济模式下，企业通过数字营销吸引用户订阅服务，实现持续的收入增长。同时，数字营销也为创业企业和中小企业提供了更多的发展机会，降低了营销成本，拓展了市场空间，推动了整个商业生态的创新和发展。

二、数字营销的特征

相较于传统市场营销，数字营销表现出差异化特征，包括技术驱动的动态性、数据驱动的敏捷性、多元主体的共创性和平台生态的系统性。

第一，技术驱动的动态性。技术驱动的动态性特征表现为数字与物理的深度融合，打破了市场的时间和空间边界，能够实时响应消费者需求，推动商品和服务向动态优化的"序列解决方案"演变（Gensler and Rangaswamy，2025）。因此在数字技术赋能下，企业能够整合产品与服务，按照时间或需求逻辑顺序为消费者提供定制化的综合性解决方案，帮助其实现更高层次的长期目标。这使得数字营销传递的价值具有更高复合性、实时性和延伸性，需要企业形成跨组织协作与平台化耦合。

第二，数据驱动的敏捷性。全触点的实时数据采集和基于大数据的敏捷迭代构成数字营销的典型特征。数字营销的基础要素资源是跨平台、多源异构数据的采集与整合。企业通过社交媒体、电子商务平台、移动应用、物联网设备等渠道，实时采集用户行为数据、人口统计信息及情感数据。基于全触点的实时数据，企业运用大数据分析技术提升数字营销的分析能力和预测能力，对当前消费者开展用户画像并对其未来消费行为和需求结构深度预测，为营销决策提供数据支持。同时，大数据分析也能够精准识别细分市场，支撑企业构建差异化市场营销策略。最终，通过数据流、经验流和决策流的交叉融合分析，企业能够快速捕捉市场需求变化并调整市场营销策略，形成"感知—把握—重组"的动态能力模型（Brewis et al.，2023）。

第三，多元主体的共创性。数字营销打破了传统营销中企业主导的单边关系，形成了企业、消费者、合作伙伴、公共部门等多方协同的生态体系。消费者不再是被动接受者，而是通过参与产品设计、内容共创和体验反馈成为价值共创的核心主体。企业则从产品提供者转变为价值赋能者，通过数字平台整合资源，与用户共同定义需求（Stojčić et al.，2024）。由于数字技术赋能实时互动与信息整合，上述多元主体的价值共创能够贯穿于市场效应的各个环节，包括市场洞察、研发设计、产品定制与营销服务。价值共创机制使得数字营销呈现"连接迭代—赋新迭代"的双螺旋演进逻辑（李树文等，2022）。企业首先通过连接迭代整合资源（如数据、技术、用户），突破传统资源限制；继而通过赋新迭代重构能力，从满足现有需求转向挖掘潜在需求，推动商业模式创新。这种迭代过程依赖多主体的持续互动与反馈（王永贵等，2024a），形成"感知需求—快速响应—价值升级"的闭环，使数字营销通过共创价值实现动态优化。

第四，平台生态的系统性。平台生态系统（Platform-based Ecosystem）是由平台企业设定界面规则，开放架构吸引参与者进入，共同为用户提供产品和服务的一种结构安排（王节祥等，2021），其构成数字营销价值共创的组织结构基础。平台生态系统打破传统营销的单边关系，形成企业、消费者、第三方服务商、政府等多元主体的协同网络，使企业能够借助数字平台生态系统构建 B2B2C 混合模式，提升了市场营销效能。平台生态也能够集成互补性的市场资源，在网络效应作用下不断吸纳供需两侧的参与者，推动数字营销的供需规模不断扩张，形成规模集聚效应。同时，模块化平台结构允许平台、互补者、消费者开展模块化创新，推动功能模块补充和实时迭代，加速了数字营销平台的创新演化。

数字营销和传统营销的比较如表3-1所示。

表 3-1　数字营销与传统营销的比较

维度	传统营销	数字营销
技术驱动的动态性	◆ 依赖传统媒介技术 ◆ 单向传播，技术工具简单	◆ 依托互联网、AI、大数据、物联网等数字技术组合 ◆ 双向互动，技术工具复杂
数据驱动的敏捷性	◆ 数据有限且滞后 ◆ 数据规模小，预测功能不强 ◆ 决策基于经验与直觉	◆ 实时、全量数据采集，数据规模大 ◆ AI 驱动实时预测与动态优化
多元主体的共创性	◆ 主体单一，企业主导，消费者是被动接受者 ◆ 参与主体类型有限	◆ 主体多样，消费者是价值共创者 ◆ 参与主体类型多样，供应商、消费者、政府、社区等利益相关者均是数字营销的重要参与主体
平台生态的系统性	◆ 生态封闭，渠道独立 ◆ 不同主体和渠道缺乏协同效应	◆ 生态开放，多平台互联，社交、支付、电商等多生态融合 ◆ 跨平台数据共享与价值整合

资料来源：笔者整理。

第二节　数字营销的类型与方法

在数字化浪潮席卷全球的当下，企业营销已从单向输出演变为多维互动、场景融合与价值共创的生态系统。选择社交营销、移动营销、内容营销与直播营销作为核心方法，能够较为全面地刻画数字营销的价值链。社交营销和移动营销建构了链接多元主体的数字营销渠道网络，内容营销则为移动营销和社交营销提供了丰富的营销信息和内核，直播营销则提供全方位的数字营销场景，强化消费体验，促进社交营销、移动营销、内容营销的加速转化。上述核心营销方法覆盖用户触达（社交与移动）、价值传递（内容）与即时转化（直播）的全链路营销闭环。

一、社交营销及其基本方法

社交营销可被定义为新型数字营销手段，通过利用社交媒体平台，采用以内容创造、双向互动为核心的多元营销手段，以实现品牌推广、利益相关者参与、强化与消费者关系等营销目标（王永贵等，2024b）。

社交营销的基本方法包括：一是实现精准人设打造。在目标平台（如微信、抖音）建立符合品牌内涵的账号，通过头像、简介、内容风格统一品牌形象。二是分层内容运营。企业针对不同圈层用户设计差异化内容，如专业知识类、趣味互动类、用户故事类，结合平台算法特性提升曝光。三是运用社交裂变机制。社会网络是社交媒体营销的关键载体和驱动力，通过邀请返利、拼团优惠、话题挑战赛等能够激发用户主动开展营销扩散。四是社群深度运营。建立粉丝群、兴趣小组、技术社区等虚拟组织，通过定期福利、专属活动增强用户归属感，同时收集用户反馈优化产品。五是精准投放。利用平台用户的标签体系（如性别、兴趣、行为）定向推送动态创意广告，提升点击率与转化率。

二、移动营销及其基本方法

移动营销是指企业通过移动媒体、设备或技术等，与其顾客进行有关产品的双向或多向沟通和促销基本策略方法。

移动营销的基本方法包括：一是多触点覆盖。通过 App 推送、短信营销、彩信广告等方式触达用户，并结合行为数据优化推送时机与内容，形成"触点—推送"的交互优化。二是与场景营销深度融合。基于用户实时定位推送本地服务信息，如商圈优惠券、附近门店活动，通过"签到打卡"等互动形式提升参与感。三是移动广告创新。采用原生广告、激励视频广告、插屏广告等形式，适配移动端屏幕尺寸与交互习惯，强化移动营销渠道的覆盖。四是轻应用开发。设计轻量化互动页面，支持一键分享至社交平台，实现快速传播与低成本转化。五是移动体验优化。无缝衔接是制约移动营销的关键瓶颈，足够的便利性是移动营销的核心优势。确保广告落地页加载速度，适配操作系统、网络系统等的差异，通过简化注册流程、支持指纹支付等提升移动营销效率。

喜茶的小程序数字营销策略

喜茶是新式茶饮的开创者。2012 年在广东江门一条小巷里开业时，除了更好喝的茶饮，喜茶并没有超出一般奶茶店的优势，但它首创的芝士奶盖茶还是立刻俘获了年轻人的口味。2016年，喜茶接受IDG的1亿元投资，将门店从江门、东莞、广州、深圳开到了上海、北京、新加坡。但是新式茶饮领域的特点是技术壁垒低，进入门槛低，产品同质化日益严重，运营复制性高，保持用户对品牌的忠诚度存在极大挑战。

2017年，金山出身的陈霈霖担任喜茶CTO，负责IT管理、技术产品的研发和数字营销。此后，喜茶推动店铺销售模式变革，于2018年正式推出小程序"喜茶GO"，消灭线下门店排队等问题，并且小程序界面设计简单，顾客能够在移动端上手即用，并即时推送服务通知消息给消费者，告知具体的取餐时间。同时，"喜茶GO"小程序也集成了外卖功能，消费者无须跨越平台支付昂贵的"跑腿代购"成本即可完成外卖下单。至此，喜茶实现了线下、线上、外卖的全渠道融合营销。

更为重要的是，通过"喜茶GO"小程序，喜茶成功构建起自己的私域流量。喜茶可以对用户的购买行为进行数据化资产打包，很好地获取用户画像，细化消费者的消费颗粒度，优化消费体验，加深与消费者的消费链接，从而更精准地分析、营销和运营。"喜茶GO"小程序也打通了企业运营的"数据孤岛"，打通公司整个的流程环节，从门店收银到供应链，再到员工即时沟通，最后联通客户反馈，形成了完整的数字运营体系，极大地提高了喜茶的运营效率，而这些数据也将进一步用于营销决策优化中。根据喜茶发布的2020年度数据报告，截至2020年12月31日，"喜茶GO"微信小程序的会员超过3500万，全年新增会员超1300万，线上下单率占81%，小程序用户的复购率达300%以上。而从2024喜茶年度报告中的数据来看，喜茶2024年的会员数量已突破1.5亿，同比增长5000万。

（资料来源：走进喜茶：一杯灵感之茶的无限可能［EB/OL］.（2020-09-18）. http://static.nfapp.southcn.com/content/202009/18/c4054278.html.）

三、内容营销及其基本方法

内容营销强调在内容主导下以非广告形式进行产品或品牌的宣传推广，并与消费者建立联系及信任，从而实现网络营销目的。

内容营销的基本方法包括：一是内容矩阵搭建。企业根据用户生命周期设计内容类型，如吸引新用户的科普类文章、促进转化的案例白皮书、维护老用户的深度访谈视频。二是内容深度优化。通过关键词研究优化标题与元描述，提升搜索引擎可见性。三是多平台分发。根据平台特性适配内容形式，在不同平台分发对应内容，使营销内容与平台潜在用户群体相匹配。例如，在哔哩哔哩发布教程视频，在知乎输出专业问答，利用公众号推送深度长文等。四是用户分层触达。利用订阅机制将内容推送给高意向用户，结合用户行为数据动态调整内容推荐策略。五是内容价值延伸。将优质内容转化为电子书、播客、线下沙龙等形式，进一步将内容转化为实际的消费场景，并进一步提供更丰富的增值服务。

四、直播营销及其基本方法

直播营销是以实时视频直播为核心，通过互动性内容展示、产品体验及即时沟通，实现品牌推广、用户触达与销售转化的数字化营销模式。其基本构成包括主播和受众两大要素共同打造的"粉丝经济"。

直播营销的基本方法包括：一是场景化内容设计。结合产品特性，运用数字虚拟技术构建使用场景和特定主题，增强用户代入感。二是互动机制创新。通过强化直播互动提升用户参与度，获取更多注意力资源。三是流量运营。直播前通过短视频预热、社群通知吸引预约，在直播中利用平台推荐算法获取公域流量，直播后剪辑高光片段形成二次传播。四是数据驱动优化。实时监控观看人数、停留时长、转化率等核心指标，动态调整话术与商品讲解顺序；分析用户画像优化选品策略。五是私域流量沉淀。引导观众关注直播间账号、加入粉丝群，通过会员专属直播、回放权限等方式提升复购率，形成"直播引流—社群运营—复购转化"的流量闭环。

数字营销的四大方法（社交、移动、内容与直播）共同构成了企业连接用户、传递价值与驱动增长的核心引擎。在用户注意力分散化、消费决策即时化、体验需求个性化的趋势下，这四类方法通过全渠道覆盖、场景化触达与数据化迭代，帮助品牌实现从流量获取到长期忠诚的全周期管理。无论是社交媒体的情感共鸣、移动端的精准响应，还是内容营销的信任沉淀、直播的临场转化，均需以用户需求为中心，依托技术赋能持续优化策略。随着元宇宙、Web3 等新场景的渗透，数字营销的边界将进一步拓展。

第三节　大数据与精准营销

一、大数据驱动的市场营销变革

大数据是指在万物互联活动中生成具有海量异构、动态分布、实时更新、快速生成等特点的各种结构性和非结构性数据记录。大数据引领新一轮科技革命和技术变迁，对传统经济具有引领和改造作用，已成为一种将现有生产要素进一步联系起来的桥梁型生产要素（杨俊等，2022）。大数据具有"5V"特征，分别为数据体量大（Volume）、处理速度快（Velocity）、数据多样性（Variety）、数据真实性（Veracity）、价值密度低（Value）。数据体量大是大数据的基本属性，根据《数字中国发展报告（2023 年）》发布的统计数据，2023 年全国数据生产总量达 32.85ZB，同比增长 22.44%；全国数据存储总量为 1.73ZB，相当于 5.76 万次人类全部历史文明的文字记录数据，需要 17.3 亿块 1TB 硬盘才能完全储存。处理速度快体现为实时经济崛起。根据《2023 年通信业统计公报》的数据，2023 年，5G 移动电话用户达到 8.05 亿户[①]。天猫"双 11"全周期累计访问用户数超 8 亿，而京东采销直播总观看人数突破 3.8 亿，参与活动的商家数量较上年增长 1.5

---

① 中国工业和信息化部 . 2023 年通信业统计公报［EB/OL］.（2024 - 01 - 24）. https：//wap. miit. gov. cn/gxsj/tjfx/txy/art/2024/art_76b8ecef28c34a508f32bdbaa31b0ed2. html.

倍①。数据多样性表现为非结构化数据主导。《全国数据资源调查报告（2024 年）》的数据显示，2024 年中国结构化数据占比约为 18.7%，而非结构化数据占比则高达 81.3%②。数据真实性依赖区块链存证与 AI 清洗技术。根据国家互联网信息办公室公布的十三批次境内区块链信息服务备案信息，截至 2023 年 12 月我国共有 3647 个备案应用，其中：社会治理 1314 个（36%）、金融科技 570 个（16%）、实体经济 558 个（15%）、民生服务 309 个（8%）、其他 896 个（25%）③。价值密度低则通过 AI 大模型破局，国家数据局发布的《全国数据资源调查报告（2023 年）》显示，2023 年，全国数据产存转化率仅为 2.9%，海量数据源头即弃；尚未建设数据管理系统的大企业比例为 21.9%；在开展数字化转型的大企业中，实现数据复用增值的仅有 8.3%④。AI 大模型的快速发展驱动数据要素价值释放。《全国数据资源调查报告（2024 年）》的数据显示，开发或应用人工智能的企业数量同比增长 36%，高质量数据集数量同比增长 27.4%，利用大模型的数据技术企业同比增长 57.2%，数据应用企业同比增长 37.1%⑤。

大数据具有丰富的商业价值，成为驱动精准营销的基础要素资源。大数据精准营销，主要是指营销人员运用大数据技术和分析方法，将不同类型或来源的数据进行挖掘、组合和分析，发现隐藏其中的模式，并在此基础上有针对性地开展营销活动，以鼓励顾客参与、优化营销效果和评估内部责任，为顾客创造更大的价值。

相较于传统市场营销，大数据精准营销呈现出以下三点主要变革趋势：一是数据基础从抽样调查向全样本分析转变。传统营销体系建立在抽样和调研基础之上，通过调查手段和样本加工，提高市场抽样调查的精准性，为营销决策提供数据支持。但大数据精准营销则能够有效弥补传统调查研究的不足，能够在全样本海量数据基础上进行广泛的关联分析和预测，能

① 吴雨欣，范佳来．低价硝烟下，天猫称双 11 订单量和成交总额全面增长，京东称齐创新高 [EB/OL]．（2023-11-22）．https：//www.thepaper.cn/newsDetail_forward_25268615.

②⑤ 全国数据资源统计调查工作组．全国数据资源调查报告（2024 年）[EB/OL]．（2025-04-29）．https：//www.nda.gov.cn/sjj/ywpd/sjzy/0429/202504291900723758925417_pc.html.

③ 笔者根据中国国家互联网信息办公室发布的十三批次境内区块链信息服务备案编号公告整理．

④ 全国数据资源统计调查工作组．全国数据资源调查报告（2023 年）[EB/OL]．（2024-05-30）．https：//www.nda.gov.cn/sjj/ywpd/sjzy/0830/20240830191408027390482_pc.html.

够为市场营销决策提供更新的数据支持。二是从"广撒网"到"精准定位"。传统营销依赖于消费者职业、年龄、性别、收入等数据进行营销决策和开展营销活动，但上述人口统计特征数据难以有效精准刻画用户画像和预测消费者行为。大数据精准营销则涵盖用户购买行为、情感数据、支付数据等海量数据，可以实现对消费者的全面解读，因而能够为消费者提供精准营销服务和满足其个性化需求。三是从"单向传播"到"双向互动"。传统营销采取单向信息传递，消费者被动接收市场信息；互动渠道单一，消费者沟通效率低且覆盖面窄。大数据精准营销由于具有海量数据实时监测和分析，能够对用户行为触发即时响应，通过自然语言处理技术监测社交媒体、论坛、评论区用户情绪，实时接收用户反馈，并基于人工智能大模型创建 AI 客服，7×24 小时全天候响应用户需求。

亚马逊的个性化推荐系统

　　亚马逊的个性化推荐系统是其数字营销的核心竞争力，依托多维度数据整合与机器学习算法，构建了覆盖用户全生命周期的精准营销体系。通过采集用户浏览记录、购买历史、搜索关键词、设备类型等超过 5000 个数据标签，亚马逊利用协同过滤算法识别相似用户群体的行为模式，如发现购买婴儿纸尿布的用户群体中 30%~40% 会同步购买啤酒，从而优化商品关联推荐。同时，其实时数据处理技术（AWS Kinesis）支持每秒处理数百万条用户行为日志，确保推荐结果动态响应最新需求。例如，用户浏览某款耳机后，系统会在 30 分钟内生成包含适配充电线、保护套的"搭配购买"推荐。此外，亚马逊引入深度学习模型解析商品图片与用户评论情感，如通过 NLP 技术识别"美白""温和"等关键词，反向指导 OLAY 等品牌调整产品设计。该系统贡献了亚马逊 35% 的销售额，用户点击率和转化率分别提升 30% 和 15%，并赋能第三方合作伙伴——如华纳兄弟探索公司通过该引擎实现用户参与度提升 14%，跨品牌响应率提高 2~3 倍。

　　（资料来源：根据亚马逊云科技（AWS）官网资料整理。）

Netflix 的用户分群与动态推荐

Netflix 的个性化推荐系统通过超精细化用户分群与动态学习机制重塑流媒体行业规则。其算法基于用户观看历史、暂停/快进行为、设备类型（如移动端偏好短视频）、地理位置（如亚洲用户偏爱本土剧集）等数据，将全球 2.47 亿订阅用户划分为超 2000 个细分群组。例如，针对"周末晚间观看悬疑剧"的用户群，系统会优先推荐《怪奇物语》等剧集，并在每周五 18：00 推送更新提醒。Netflix 的多模态数据处理技术进一步整合内容元数据（如演员、导演、字幕语言）与外部流行趋势，如结合社交媒体热点预测《鱿鱼游戏》的全球爆发潜力，提前加大推荐权重。其推荐引擎每天执行超 10 万次 A/B 测试，实时优化算法参数——若某用户对推荐内容点击"跳过"，系统将在 5 分钟内降低同类内容曝光率。成效方面，个性化推荐覆盖 75% 的用户观看选择，使留存率提升 25%，每年减少 10 亿美元的内容试错成本。典型案例包括德国足球联赛（Bundesliga）借助该技术实现用户阅读量增长 67%，应用使用时长提升 17%，验证了数据驱动策略在非娱乐领域的普适性。

（资料来源：Netflix Recommendations：Beyond the 5 stars ［EB/OL］．（2012-06-20）．https：//netflixtechblog.com/netflix-recommendations-beyond-the-5-stars-part-1-55838468f429.）

二、大数据精准营销的特征及应用

在数字化浪潮的推动下，大数据精准营销通过技术创新重构了传统营销逻辑，其核心特征可归纳为多平台整合、个性化触达、时效性强、高效率运作四大维度，共同支撑起智能化的营销新生态。

第一，大数据精准营销基于多平台优势，实现全域数据融合与场景覆盖。大数据精准营销打破传统渠道壁垒，实现跨平台数据的无缝整合。大数据精准营销能够实现全渠道数据打通，整合电商平台、社交媒体、线下门店等多源数据，构建用户行为全景视图。例如，星巴克通过会员 App 同步线上点单与线下消费记录，精准推送优惠券。大数据精准营销也能够实现跨设备追踪，利用设备指纹、手机号匹配等技术，识别同一用户在不同终端的行为轨迹，避免造成"数据孤岛"。基于跨平台和跨设备的数据整合，大数据精准营销实现场景化营销联动，基于用户所处场景动态调整营销策略与活动，为用户提供个性化支持。大数据精准营销多平台整合的核心在于以用户为中心的数据中台，通过统一 ID 体系实现跨渠道协同，推动触达效率实现最大化。

第二，大数据精准营销具备个性化特征，实现市场营销从"千人一面"到"千人千面"。大数据通过精细化用户画像与智能算法，实现高度个性化营销。海量数据使动态用户标签成为可能。将基础属性、行为数据、兴趣偏好等海量数据构建多维度标签体系，结合智能推荐引擎的深度学习模型预测用户需求。例如，淘宝、拼多多等推出"猜你喜欢""顺手买"等模块，有效提升消费转化率。大数据个性化营销的本质是以数据驱动的"一对一"沟通，显著提升用户参与度与品牌忠诚度。

第三，大数据精准营销具有时效性特征，能够实时响应与敏捷迭代。大数据技术极大压缩了信息反馈周期、营销决策周期和提升决策效率。首先，大数据技术能够实现实时数据采集，通过 IoT 设备、API 接口、自然语言抓取与分析等技术实时捕获用户行为；基于用户行为数据和 AI 算法赋能，企业可以动态调整策略，基于实时数据快速优化广告投放、调整推荐策略和精准推送促销激励及优化定价。例如，抖音的推荐算法可在 1 分钟内根据用户反馈更新内容流，为用户持续推荐感兴趣的短视频内容。此外，大数据精准营销在舆情监控与危机管理方面具有独特优势，能够借助自然语言处理技术监测社交媒体情绪波动，快速响应负面事件。大数据精准营销时效性的核心在于流式计算框架与边缘计算技术，确保数据处理的低延迟与高并发，进而对市场环境变化实时响应。

第四，大数据精准营销具有高效率特征，有利于市场营销的资源优化与自动化执行，显著降低营销成本。大数据精准营销能够实现程序化广告投放，依托海量数据自动匹配目标人群，并在 AI 算法赋能下实时优化定价策略。通过智能客服与营销自动化，大数据精准营销技术能够处理标准化咨询，机器人算法能够自动执行邮件推送、优惠券发放等重复任务。大数据驱动的效果评估能够通过归因模型精准量化各渠道贡献值，避免市场营销资源的浪费和错配。大数据精准营销高效率的底层逻辑是技术与业务的深度耦合，通过人机协同实现降本增效。

大数据精准营销基于上述特征优势，能够被广泛应用于市场营销的各个关键环节：

第一，消费者洞察。大数据精准营销通过整合消费者线上线下的多维度数据，如浏览行为、社交互动、交易记录、地理位置等，构建动态用户画像，实现深度消费者洞察。借助机器学习算法分析行为轨迹，企业可识别潜在需求、划分用户群体，并预测消费趋势。同时，实时数据反馈机制可捕捉市场情绪波动，如社交舆情分析预警产品口碑风险，助力品牌快速调整策略，实现需求端到供给端的精准匹配。

第二，产品定制化。大数据精准营销通过深度挖掘消费者行为数据与偏好信息，驱动产品定制化进程。企业整合多源数据，如浏览历史、支付数据、订单数据等，借助机器学习构建需求预测模型，识别细分市场的差异化需求与潜在痛点。基于动态用户画像，可精准定位功能偏好、价格敏感区间及使用场景特征，指导产品模块化设计与参数调整。同时，实时反馈机制持续捕捉用户对现有产品的体验反馈，通过情感分析量化满意度，反向优化迭代方向。这种数据闭环将传统"以产定销"模式转变为"以需定产"，实现从标准化生产到柔性化定制的跨越，提升产品市场契合度与用户忠诚度。

第三，推广精准化。大数据精准营销通过多维数据融合与智能算法优化，实现推广策略的精准触达。企业整合用户行为轨迹、社交属性及场景特征，构建动态用户画像，识别高价值人群与潜在需求。基于机器学习模型预测用户对不同内容的响应概率，并自动匹配最佳推广渠道与创意形式，甚至可以自动生成推广内容。同时，实时竞价系统通过分析流量质量与转化率动态调整出价。这种"数据—洞察—行动"闭环将传统广撒网式传播升级为靶向触达，显著降低获客成本并提升转化效率。

第四，改善用户体验。大数据精准营销通过个性化交互与敏捷反馈机制，重构以用户为中心的服务体验。基于实时采集的浏览偏好、历史互动及场景状态，系统动态生成定制化内容，减少信息过载带来的决策疲劳。

情感分析与自然语言处理技术可解析用户评论、客服对话中的情绪倾向，识别体验痛点，驱动产品功能与服务流程优化。此外，跨渠道数据打通确保用户旅程无缝衔接，而隐私计算技术在保障数据安全的前提下，实现无感知的个性化服务。这种"感知—响应—优化"的持续循环，不仅增强用户黏性，更推动品牌与消费者建立长期信任关系。

第五，用户关系管理。大数据精准营销在维护客户关系中通过动态数据整合与智能分析，构建全生命周期管理体系。企业可通过多源数据，如交易记录、行为轨迹、社交媒体互动，实时捕捉客户需求变化，结合机器学习算法预测消费偏好，实现精准化服务推送。例如，基于客户生命周期阶段"潜在—活跃—忠诚—流失"的分层策略，可在关键节点触发自动化关怀机制，如用户生日专属权益、低频用户唤醒活动等。同时，通过情感分析技术解析客户反馈文本，识别潜在不满并快速响应，将服务触点从被动解决问题转向主动预防风险。这种以数据驱动的关系维护模式，不仅提升客户满意度，更能通过持续互动强化品牌认知，形成口碑传播的裂变效应。

第六，发现新市场。大数据精准营销通过跨维度关联分析与趋势预判，突破传统市场调研的局限性。企业可整合行业报告、社交媒体舆情、物联网设备数据等多模态信息，运用自然语言处理技术挖掘新兴需求词汇，结合时间序列模型预测消费趋势演变，提前识别细分市场机会；大数据技术及其智能分析技术也能够通过地理空间数据与人口特征的交叉分析，定位未被充分覆盖的区域市场。此外，基于竞争情报的大数据分析，可揭示竞争对手的薄弱环节，辅助企业制定差异化市场进入策略。这种数据洞察能力使企业能够快速响应市场变化，在蓝海领域建立先发优势，同时规避同质化竞争风险，实现资源的高效配置。

三、大数据精准营销的体系构建

大数据精准营销是多元主体深度互动的过程，基于数据链接共同构成市场营销的生态体系。

第一，用户是大数据精准营销体系的核心。大数据精准营销体系构建需要以用户画像为核心，通过多源数据采集与动态分析实现需求洞察。用户行为轨迹、社交互动记录、设备终端信息等结构化数据，结合自然语言处理、机器学习等技术解析结构化数据和非结构化文本、图像等，共同构建360度用户画像。基于机器学习算法的分群模型，可将用户细分为价值贡献型、潜在增长型、价值挖掘型及流失预警型等群体，支撑差异化营销策略制定。同时，通过实时反馈机制优化推荐系统，在保护用户隐私前提下实现个性化内容触达，形成"数据采集—分析—应用—反馈"的闭环优化体系。

第二，企业是大数据精准营销的发起点。企业维度的体系构建需建立数据驱动的决策机制，整合内外部数据资源实现全链路营销协同。内部数据涵盖用户管理系统、资源管理系统、电子商务系统和门店交易系统等，外部数据包括第三方数据服务商、社交媒体平台等开放数据源。通过数据中台完成数据清洗、标签化处理后，结合 AI 算法构建预测模型，指导广告投放预算分配、产品组合优化等策略制定。同时，借助自动化营销工具实现跨渠道的统一内容管理与动态响应，确保营销活动与用户生命周期阶段精准匹配，提高营销资源利用效率。

第三，数据服务商是大数据精准营销生态的关键互补者，支撑数据要素的流动交易和优化配置。数据服务商的体系构建需聚焦数据资产运营能力，提供安全合规的数据解决方案。通过部署分布式数据采集系统覆盖线上线下多场景，实现跨平台数据融合，在保护数据安全前提下完成联合建模。基于行业知识图谱构建通用标签体系，结合企业定制化需求开发垂直领域分析模型。同时，建立数据质量监控与更新机制，确保数据时效性与准确性，为企业提供可持续的数据赋能服务，推动营销决策从经验驱动向数据驱动转型。

第四，互联网内容提供商是营销大数据的关键载体。互联网内容提供商的体系构建需整合内容生态与用户行为数据，实现场景化营销渗透。通过分析用户在视频、社交、资讯等平台的内容消费习惯，结合上下文语义理解技术，构建场景化推荐模型。例如，根据用户观看体育赛事的行为特征，实时推送运动装备广告；基于旅游攻略阅读记录，定向推荐酒店预订服务。同时，利用内容互动数据评估营销内容效果，反向支撑内容创作的方向优化。通过 API 接口与企业数据系统对接，实现内容与商品的无缝衔接，形成"内容吸引—行为引导—转化实现"的营销闭环，提升用户体验与商业转化效率。

第四节 数字营销策略与效果评估

一、数字营销策略

市场营销的基础策略（4Ps）包含产品（Product）、价格（Price）、渠道（Place）和促销（Promotion）四个方面。产品是企业向目标市场提供的商品或服务，能够满足消费者特定需求或解决特定问题；价格是消费者为获得产品所支付的货币成本，直接影响市场接受度与企业利润；渠道是产品从生产者到消费者的流通路径，决定市场覆盖效率；促销是通过信息传播刺激消费者购买行为，建立品牌认知。在数字经济与消费者主权崛起的背景下，经典营销理论4Ps（产品、价格、渠道、促销）正在向4Is（趣味、利益、互动、个性化）和4Es（体验、无处不在、交换、布道）迭代升级。这一演变反映了从"企业中心"到"用户中心"、从"交易导向"到"关系导向"的营销范式转变（见表3-2）。

表3-2　营销策略对比

类型	4Ps（传统营销）	4Is（互动营销）	4Es（体验营销）
核心理念	企业中心化：以产品功能与渠道控制为核心	用户互动化：通过趣味内容与个性化激发参与	用户中心化：以全场景体验与价值共创为目标
核心要素	产品（Product） 价格（Price） 渠道（Place） 促销（Promotion）	趣味（Interesting） 利益（Interests） 互动（Interaction） 个性化（Individualism）	体验（Experience） 无处不在（Everyplace） 交换（Exchange） 布道（Evangelism）
关键定义	产品：功能与质量 价格：成本与利润导向 渠道：分销网络 促销：单向传播	趣味：创意吸引注意力 利益：物质/精神激励 互动：用户双向参与 个性化：数据驱动定制	体验：全流程情感连接 无处不在：全渠道触达 交换：非货币价值传递 布道：用户口碑裂变

类型	4Ps（传统营销）	4Is（互动营销）	4Es（体验营销）
典型策略	标准化产品生产 成本加成定价 多级分销体系 电视广告+折扣促销	病毒式内容 会员积分体系 UGC 用户共创 千人千面推荐算法	沉浸式场景设计 O2O 全渠道融合 数据换优惠 品牌使命营销
数字化工具	ERP 系统管理供应链 传统 CRM 客户档案	社交媒体管理工具 A/B 测试平台	CDP 客户数据平台 元宇宙场景搭建工具
局限性	忽视用户个性化需求，难以适应数字化互动场景	过度依赖短期流量，可能削弱品牌价值	实施成本高，需跨部门协同与技术支持
适用场景	标准化产品市场	高互动性行业	高客单价/高情感附加值行业

资料来源：笔者整理。

4Is 以趣味、利益、互动与个性化为核心，驱动用户深度参与数字营销。品牌通过创意内容激发消费者兴趣，如抖音挑战赛以趣味短视频吸引用户自发传播，拼多多的砍价机制则用即时利益刺激裂变行为，奈雪的茶在小程序中植入互动游戏，不仅发放优惠券更将点单转化为娱乐体验。以轻量化互动降低决策门槛，用数据捕捉个体偏好并推送定制化服务，最终在双向对话中建立品牌忠诚度，打破传统营销的单向输出逻辑。

4Es 围绕体验、无处不在、交换与布道重塑消费价值。例如，宜家用 AR 技术将家具模拟投射至用户家中，瑞幸咖啡通过 App 下单、门店取餐与私域社群构建无缝场景，帕格尼亚以环保理念号召消费者参与旧衣再造，特斯拉则通过车主俱乐部将产品升维为身份标签。其本质是将交易转化为价值共鸣——品牌不仅提供商品，更渗透生活场景，用情感体验替代功能宣讲，并借用户口碑实现裂变传播。当消费者为价值观买单时，营销便从短期转化跃迁为长期关系经营。

随着数字技术的快速发展，数字营销的变革集中在三大维度，即用户主权重构、技术重塑规则与价值定义升维。消费者从被动接受者变为决策共谋者，品牌必须从"占领渠道"转向"激活参与"；人工智能与元宇宙解锁颗粒度更细的个性化服务，虚拟试衣间与智能客服成为体验标配；营销目标也从流量争夺进阶为终身价值经营，订阅制会员体系与 NFT 数字权益正在重构消费关系。未来的竞争力不在于触达广度，而在于以数据为纽带、技术为杠杆、价值观为支点,构造"需求满足—情感绑定—价值观共生"的三层生态,正如亚马逊飞轮效应揭示的真理——唯有持续优化体验与效率的协同循环,才能让品牌在数字洪流中赢得长效增长。

二、数字营销效果评估

数字营销效果评估的核心理念在于通过数据化、实时化、多触点化的测量手段,量化营销活动对品牌、用户与业务的综合影响。与传统营销依赖抽样调查与滞后反馈不同,数字评估依托全链路用户行为追踪,可精确到个体粒度的转化归因。数字营销效果评估流程包含四个主要环节。

第一,明确评估目标与指标体系。通过明确评估目标,能够厘清数字营销效果评估的价值导向。根据价值属性差异,可以将数字营销效果评估的目标分为品牌价值导向、销售转化导向、用户资产导向、运营效率导向和长期发展导向。针对不同的价值评估目标,企业分别设置对应的指标体系"工具箱"。例如,品牌价值导向的评价指标可以围绕品牌曝光量、品牌搜索量、用户互动率、品牌好感度和舆情声量等进行设置;销售转化导向的评价指标可以围绕转化率、平均订单价值、销售线索成本和订单量及销售额设置等。

第二,评估数据采集与整合。收集广告投放、用户行为、销售数据等多源信息,整合不同平台的数据孤岛,确保数据完整性与一致性。例如,电商营销中需打通广告点击数据与订单数据,追踪用户从点击到购买的全链路行为。构建归因模型,检验数字营销对业务目标变动是否存在显著贡献。

第三,效果分析与策略优化。从时间、渠道、用户群、细分市场等多维数据进行效果评估,对数字营销效果进行纵向和横向比较,包括同比、环比发展态势比较,竞争对手比较和行业基准比较等,评估数字营销发展趋势和格局,界定企业数字营销竞争地位。根据不同维度的效果评估结果,对相关领域的数字营销策略提出针对性的优化举措。

第四,出具效果评估报告并推动数字营销战略迭代。提炼效果评估中的重要分析与发现,形成数字营销效果评估报告。基于评估报告的结论指导数字营销战略的持续迭代与更新优化。

元气森林破局之路：一场精准的消费认知重构战

在 2016 年的中国饮料市场上，碳酸饮料的甜腻与传统茶饮的平淡形成二元对立，年轻消费者陷入"享受口感"与"健康焦虑"的矛盾困境。元气森林创始人唐彬森敏锐地捕捉到这一痛点："年轻人不是拒绝甜味，而是拒绝糖分带来的负罪感。"当行业巨头仍在"甜度"与"解渴"的红海中厮杀时，元气森林以"品类创新+认知重构"为双引擎，在巨头夹缝中开辟出年销售额破百亿的新赛道。

（一）品类创新：在需求裂缝中搭建价值桥梁

元气森林的破局本质是对消费矛盾的精准解构——传统碳酸饮料的"快乐"与健康饮品的"克制"之间，存在一个未被满足的需求真空：年轻人渴望"无负担的愉悦感"。品牌通过三重策略完成品类定义：

技术具象化：用"0糖0脂0卡"重构产品价值坐标系。区别于早期无糖饮料"寡淡无味"的刻板印象，元气森林采用赤藓糖醇与三氯蔗糖的黄金配方组合：前者提供天然甜味且不参与代谢，后者以万分之一用量实现高甜度，既保留气泡水的爽快感，又通过代糖技术突破"健康=难喝"的认知壁垒。包装上，加粗放大的"0糖0脂0卡"标识成为视觉锚点，将实验室级的代糖技术转化为"安全护身符"，让"喝饮料不发胖"从不可能变为现实。

场景再定义：在碳酸饮料与矿泉水之间创造"第三品类"。传统碳酸饮料主打"即时快乐"，矿泉水聚焦"基础解渴"，而元气森林开创的"无糖气泡水"精准卡位"轻享受场景"——工作间隙的解压、健身后的补水、下午茶的零负担搭配。白桃、青提等水果风味的加入，用嗅觉与味觉的双重刺激强化"愉悦感"，同时通过"低卡路里"标签消解负罪感，让产品从"可选"变为"刚需"。

认知降维：将功能诉求升维为生活方式符号。当行业还在比拼"甜度""水源地"时，元气森林率先将产品与"自律生活""精致主义"绑定。通过"喝元气森林=健康选择"的心智植入，让消费者在购买行为中获得双重满足：物理层面的口感享受，以及心理层面的自我认同。这种"健康与快乐的和解"，让传统含糖饮料瞬间显得"过时且放纵"。

（二）视觉策略：用"日系美学"完成信任转嫁

元气森林早期包装的"日系化"设计并非偶然，而是一场精心策划的"认知借势"：

符号嫁接：用视觉语言快速建立品质联想。最早的日文"気"字LOGO、极简白瓶身、樱花元素等视觉符号，在消费者潜意识中激活"日系产品＝高品质、精细化"的固有认知。这种"借势"绕过了新品牌从零建立信任的漫长过程，让消费者在货架前的三秒决策中，因"日系滤镜"产生天然好感。更巧妙的是，品牌打破传统日系饮品（如抹茶饮料、果汁）的高糖印象，以"无糖气泡水"形成差异化认知，完成"旧符号新内涵"的价值重构。便利店冰柜中，元气森林的彩色瓶身（白桃粉、青提绿、卡曼橘黄）形成强烈视觉冲击，区别于传统饮料的单一色调。这种"色彩即标签"的策略，让消费者无须阅读复杂说明，仅凭颜色即可识别口味，大幅降低决策成本。数据显示，其包装设计使产品在便利店的自然流量转化率提升37%，成为"货架上的自动推销员"。

（三）信任基建：从技术背书到价值共识的双重构建

原料透明化：用"科学叙事"破解代糖焦虑。针对消费者对"人工甜味剂有害"的疑虑，元气森林展开"技术科普战"：公开代糖来源（如赤藓糖醇提取自玉米发酵），强调其"天然存在于葡萄、蘑菇等食物中"；通过实验室级的生产流程可视化（如无菌灌装车间直播），证明"0糖"并非营销噱头。这种"从原料到工艺"的全链路透明化，将技术优势转化为信任壁垒。

权威认证：用第三方背书加固价值锚点。获得国际食品安全认证（如SGS检测）、国内权威机构"无糖饮料"认证，并在包装显著位置标注检测数据（如"每100ml热量<5大卡"）。这些客观数据比主观宣传更具说服力，让"0糖0脂0卡"从营销口号变为可验证的事实，

彻底打消"智商税"质疑。

（四）营销破圈：在 Z 世代心智中预埋社交货币

内容种草：从"产品展示"到"生活方式共创"。早期在小红书、抖音等平台启动"素人测评+KOL 定制"策略：素人分享"喝元气森林的 100 种场景"，KOL 则将产品融入健身、美妆、探店等年轻人高频关注的内容场景。例如，与健身博主合作"无糖快乐水搭配训练餐"，与美妆博主共创"白桃味气泡水妆容灵感"，让产品从"饮料"升维为"社交话题载体"。2019 年数据显示，其社交媒体内容自然传播率达 62%，远超行业平均水平。

场景渗透：在"健康生态"中精准卡位。线下渠道采取"便利店包围+场景定制"策略：在 711、罗森等年轻人高频消费的便利店实现 90% 以上铺货率，利用"冰柜黄金位置"（与可乐、奶茶并列）形成替代选择；同时入驻健身房、瑜伽馆、精品咖啡店等"健康生活场景"，通过联名活动（如与 Keep 合作"运动补给站"）强化"健康伙伴"人设，让消费者在特定场景中产生"非买不可"的心理暗示。

重新定义"饮料消费"的底层逻辑。元气森林的成功，本质是对"消费认知"的深度解构与重构：当行业沉迷于"功能比拼"时，它看到了年轻人"既要又要"的矛盾心理；当巨头依赖规模效应时，它用"小而美"的品类创新撕开缺口；当传统品牌困于"产地、工艺"的同质化竞争时，它通过视觉符号与社交货币的打造，让产品成为年轻人自我表达的载体。

（资料来源：元气森林破局之路：一场精准的消费认知重构战［EB/OL］.（2025-04-16）. https：//mp. weixin. qq. com/s/hlI-xtB0f7y9-7U6V3y1Zg. ）

第四章　数字管理

数字管理是组织高效运转的核心支柱，通过数据驱动决策优化资源配置，降低运营成本，是企业高效整合资源与实现可持续发展的重要战略抓手，成为应对复杂挑战的底层能力支撑。本章聚焦数字管理的内涵及特征，概述企业构建数字管理体系的方法路径，以及数字管理工具所涉及的关键技术。最终，本章进一步提炼数字管理面临的多元挑战及其变革趋势。

第一节　数字管理的内涵及特征

数字管理的内涵经历了从技术应用到系统性变革、从组织内部变革向生态系统变革的演进过程，其核心在于通过数字技术重构组织价值创造逻辑与管理范式。技术驱动观将数字管理定义为"通过数字技术改变企业价值创造方式，构建新型商业模式"，强调数字技术驱动企业业务流程的优化。组织变革观认为数字管理是"企业通过数字技术重新配置资源、调整组织结构、优化管理流程，实现从传统层级制向敏捷化、网络化组织的转变"。这一观点聚焦数字管理下组织模式的变革，突出数字技术对组织形态转变和组织效率提升的驱动作用。职能变革观认为数字管理是企业职能的系统性战略变革，通过数字技术驱动企业目标、组织结构、营销模式、生产模式、产品设计、研发模式和用工模式的全面变革，实现从工业化管理向数字化管理的范式转换。系统变革观认为数字管理是以数字化技术、数字化产品和数字化平台的基础设施为支撑起点，引发个人、组织、产业等多个层面的变革，这一过程对组织有不同程度的积极影响和消极影响。

基于此，本书认为数字管理是指利用计算机、通信、网络、人工智能等技术，通过数据量化管理对象与行为，实现企业研发、生产、销售、服务等全流程的高效协同与优化。其本质是通过技术赋能、组织创新、战略升级与生态协同，重塑企业价值创造逻辑，提升资源配置效率，增强动态适应能力，以应对数字经济时代的不确定性与竞争挑战。其核心特征包括：第一，数据驱动决策。以实时、完整、准确的数据为基础，支持科学决策，如通过 ERP 系统整合供应链数据优化库存。第二，流程自动化。通过 AI 和 RPA 减少人工干预，如制造业中 CAM 系统自动生成生产指令。第三，资源优化配置。基于数据分析动态调整资源分配，如零售业通过 POS 系统精准匹配商品与需求。第四，快速响应市场。借助数字化工具捕捉客户需求变化，实现敏捷运营。

数字管理的内涵体现出其内在的三个核心要素：第一，技术赋能。数字技术是驱动数字化管理的核心力量，其包括数字化基础设施和数字技术应用。数字化基础设施包括硬件设施、软件系统和网络架构，而数字技术应用则囊括基础技术、数据要素化和数字技术架构。第二，组织变革。数字化管理意味着组织战略、结构、流程、生态等多维度协同变革。战略转型体现为从以产品为中心转向用户价值主导，构建数据驱动的竞争战略。结构重塑体现为企业组织结构向扁平化、网络化形态演进，支持敏捷决策与跨部门协作。流程再造是企业通过运用云计算、大数据、人工智能和区块链等技术优化业务流程，实现端到端的数字化协同合作。生态协同则是在数字链接作用下，整合用户、供应商、合作伙伴等利益相关者，构建开放共生的价值网络和平台（Constantinides et al.，2018），其成为数字化管理中的重要组织形态和基础设施。第三，战略转型。管理的数字化转型本质上是企业的战略转型，会引致企业价值主张重构，实现从产品中心向用户中心转变，基于用户数据洞察提供个性化解决方案（Bharadwaj et al.，2013）。由于用户最终决定了产品价值能否变现，企业既要积极满足用户明确表达的需求，也要善于挖掘用户不易于表达以及尚未产生的潜在需求。企业只有以用户价值为主导，持续地向用户输出价值，才能赢得用户的认可，实现生存与发展。

美的的数字化转型之路：从流程驱动到产业互联

美的集团自 1968 年成立至今，已从单一塑料瓶盖生产商转型为多元化家电巨头。目前，集团业务涵盖智能家居、工业技术、楼宇科技、机器人与自动化以及创新型业务，构建了 1+3+N 的业务模式。

美的集团的数字化转型始于 2012 年，当时家电行业面临产品同质化严重、利润率下降的挑战。为了打破这一困境，美的集团选择了数字化转型的道路。在数字化 1.0 阶段，美的打破事业部之间相互孤立的困境，整合内部信息系统构建了 632 战略，即 6 大系统（包括 CRM、APS、SRM、MES、ERP、PLM），3 大管理平台（HRMS、FMS、BI），2 大技术平台（MIP、MDP）。数字化 2.0 阶段，美的积极拥抱"+互联网"战略，通过整合互联网技术和大数据，全面实施了以消费者需求为核心的 C2M 模式，将生产制造从传统的"以产定销"模式转变为更加灵活的"以销定产"模式，成功颠覆了传统的商业模式。为了满足消费者对智能化产品的需求，美的集团在 2015 年制定了"智慧家居+智能制造"的"双智"战略。数字化 3.0 阶段，美的集团首次在空调智慧工厂领域引入工业互联网，通过整合 OT（操作技术）、CT（通信技术）和 IT（信息技术），实现了工厂车间的工业环境和设备通过物联网的全面连接，提供了数字化、自动化和智能化的生产全流程资源要素，并通过数据运算与分析，深入挖掘数据价值，有效提升了生产效率并降低了成本。自 2017 年起，美的将"产业互联"作为新的战略机会，美云智数成为美的数字化能力向行业输出的一个重要落脚点。2020年，美的集团迈入全面数字化和智能化的新时代，采用"用户驱动+差异化技术驱动"的双驱动模式，通过大数据与业务的深度融合，增强客户黏性，推动产品持续更新迭代。

（资料来源：鲸瞳. 美的的数字化转型之路：从流程驱动到数据驱动，到产业互联［EB/OL］.（2024－07－10）. https：//caifuhao. eastmoney. com/mews/20240710130418817232460.）

第二节　数字管理方法

数字管理方法是企业搭建数字管理体系的过程路径（见图4-1），其表现为数据要素化—数字技术创新驱动—数字化商业战略—组织适应性变革—数字化流程重塑—数字能力塑造—商业模式数字化创新的系统性重构升级（Gillani et al.，2024；马鸿佳、王春蕾，2024）。其中，数据要素化和数字技术创新驱动是数字化管理的技术基础和要素支撑，数字化商业战略则为数字化管理的关键使命树立和竞争优势构建提供重要指引，组织适应性变革和数字化流程重塑构成数字化运营管理的重要内容，是数字化管理提升企业效率的关键过程。上述要素支撑企业塑造形成数字能力，最终推动企业重塑商业模式。

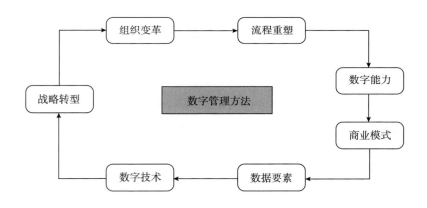

图4-1　数字管理的方法体系

资料来源：笔者绘制。

一、数据要素化

数据要素化是指将企业运营中产生的各类信息转化为可量化、可分析、可应用的数据资源，并将其作为关键生产要素纳入管理决策体系。党的十九届四中全会进一步将数据确认为劳动、资本、土地、知识、技术和管理之后的第七种生产要素，反映了数字经济时代数据的关键作用，其构成管理数字化转型的基础。通过数据要素化推动管理数字化转型主要包含三方面：一是企业需建立全面的数据采集体系。传统管理模式下，信息往往分散在不同部门或系统中，难以形成统一视图。而数据要素化要求企业构建覆盖全业务流程的数据采集网络，通过物联网、信息系统、外部数据接口等技术手段，实时获取生产、销售、供应链、客户服务等环节的结构化和非结构化数据。这种全面的数据采集能力为后续分析和应用奠定了坚实基础。二是企业需强化数据的标准化与治理能力，突破"数据孤岛"。原始数据往往存在格式不一、质量参差不齐等问题，必须经过清洗、整合和标准化处理，才能成为可用的数据资产。企业需建立统一的数据标准和治理框架，确保数据的准确性、一致性和安全性。三是企业需推动数据的场景化应用。数据要素化的最终目标是将数据融入管理实践，使其成为优化决策、提升效率的核心驱动力。企业可通过数据分析工具挖掘数据价值，将其应用于预测市场需求、优化资源配置、动态调整运营策略等场景（万姿显等，2025）。数据要素不仅改变了信息处理方式，更重构了管理决策的逻辑，使管理决策从经验驱动转向数据驱动。

二、数字技术创新驱动

数字技术创新是指创新过程中采用信息（Information）、计算（Computing）、沟通（Communication）和连接（Connectivity）技术的组合，包括带来新的产品、生产过程改进、组织模式变革以及商业模式的创建和改变等（刘洋等，2020）。数字管理一方面依赖于数据要素支撑，另一方面有赖于数字创新驱动。在技术应用层面，企业通过引入先进数字工具提升管理效率。数字技术的应用不仅优化了具体业务环节和提升管理效率（Blichfeldt and Faullant，2021），还重新定义了管理方式，使企业能够以更低的成本、更高的精度完成复杂任务。在流程重构层面，数字技术创新推动管理流程的自动化与智能化。例如，通过机器人流程自动化（RPA）、智能工作流引擎等技术，企业可将审批、报表汇总、数据核对等标准化流程自动化，减少人为干预。同时，借助机器学习算法，企业还能实现动态流程优化，推动组织在"工作中学习",形成"实践—学习—优化"的螺旋式升级。流程重构不仅提升了管理效率,还增强了管理的灵活性和适应性。在组织协同层面,数字技术创新打破了传统管理的时空和领域限制。依托协同办公平台、虚拟团队工具、数字孪生等技术,企业可实现跨部门、跨地域的高效协作。数字协同使企业能够以更敏捷的方式应对市场变化,显著提升了组织的动态能力(焦豪等,2021)。

三、数字化商业战略

数字化商业战略是通过利用数字资源创造差异化价值来制定和执行组织战略。这一定义强调了数字资源在企业其他功能领域的普遍性,从而超越了将 IT 战略视为一项企业职能战略的传统观点;超越了传统的系统和技术观,基于战略的资源基础观重新认识数字资源;明确地将数字商业战略与创造差异化价值联系起来,相较于 IT 战略的绩效影响,数字化商业战略的绩效影响将从效率和生产力等提升到推动竞争优势和战略差异化的新高度。

数字化商业战略从范围、规模、速度和价值源泉四个维度促进了战略管理体系的变革。从战略范围来看,数字化商业战略需突破传统职能和行业边界,融合 IT 与业务战略,覆盖企业内外部生态系统。数字战略管理需要跨职能整合,打破市场、运营、供应链等传统职能壁垒,以数字资源为纽带实现全流程互联。推动产品与服务数字化,将物理产品与数字功能结合,并利用数据驱动产品的优化迭代。数字化商业战略推动商业生态系统扩展,通过数字平台与伙伴协作,共享商业资源与能力。

从规模维度来看,数字化商业战略需要考虑规模管理的新问题。第一,数字资源和能力的迅速扩展和收缩成为重要的战略动态能力。当数字化基础设施与企业战略相融合时,这种快速扩展能力就成为企业适应数字化市场动态需求的重要动态能力。而主要的云服务提供商(如 Amazon Web Services、Sales Force. com 等)都在为软件、基础设施和平台提供按需付费的弹性资源,允许企业根据战略需要动态调整其数字资源。第二,平台生态系统的建立使网络效应成为规模扩张的关键。当企业的数字平台与业务战略深度融合,并成功激发双边网络效应,将会引发互补者、用户和数据规模的高速提升，此时企业管理的重点是有效开展平台生态系统治理。第三，基于数字链接，企业能够与联盟伙伴共同实现规模效应。例如，在酒店、航空等行业中，企业通过组建数字协同生态，共享数字预订系统、忠诚度计划等，从而在特定领域快速积累用户规模，共同创建规模效应以实现规模经济。

从速度维度来看，企业数字化商业战略需要运用数字技术赋能建立时间维度上的竞争优势。第一，快速的产品发布。在数字化商业战略管理下，新产品研发节奏趋向于"摩尔定律"节奏，与数字生态伙伴的新产品开发节奏同步协同，才能有效形成互补优势。此外，快速的产品开发节奏也意味着企业管理者要迅速识别和响应创新，并且通过"计划淘汰"（Planned Obsolescence）推动用户迭代数字设备，这是数字时代企业竞争的关键。第二，敏捷化的战略决策。社交媒体、数字营销等的海量数据能够支撑管理者快速感知用户需求和响应需求，有效提升企业的动态适应能力。第三，打造敏捷供应链。企业在数字技术赋能下能够构建工业互联网等基础设施，实现供应链端到端可视化，甚至动态调整供应商网络，有效提升供应链的流程敏捷性和合作伙伴敏捷性（孙新波等，2019）。第四，动态调整生态系统。数字化商业战略管理要求企业能够快速设计、架构、编排和管理商业网络和组建适应性生态系统，为企业提供互补性能力以灵活应对市场变化。

从价值源泉来看，传统商业战略的价值创造主要源于物理性的有形资源，但数字化商业战略需要管理数据的价值创造和价值获取。例如，曾经以实体形态存在的信息商业（如杂志）开始放弃实体形态而向数字化转变，因此数字化商业战略管理者需要重新思考其价值来源。同时，数字化商业战略推动价值创造逻辑转变，企业从价值创造主体转化为价值创造的支持者，用户从价值消耗者转变为价值创造的核心，企业、用户和供应商等利益相关者构成价值共创生态系统（孙新波等，2021）。此外，数字化商业战略的价值获取依赖于多元主体的复杂协同。例如，从电子游戏中获取价值，需要游戏机制造商、游戏开发商、游戏发行商等协调各自的产品安排，共同构建价值网络和分享价值收益。

迪士尼（Disney）的流媒体生态战略

近年来，流媒体行业迅速崛起，成为全球娱乐市场的重要组成部分。2023 年迪士尼公司宣布将 86 亿美元的价格收购 Hulu 剩余的股份，这一决定不仅标志着迪士尼在流媒体领域的进一步布局，也引发了对未来市场竞争格局和消费者选择的广泛关注。

Hulu 作为美国最大的在线视频流媒体平台之一，拥有大量优质内容和庞大的用户基础。通过完全拥有 Hulu，迪士尼能够整合其强大的内容资源与技术能力，构建更为完善的流媒体生态系统，将其现有的"Disney+""ESPN+"以及 Hulu 平台进行有效叠加，形成多样化的订阅模式和内容选项，有助于增强迪士尼在全球流媒体市场的竞争力，尤其是在面对 Netflix、Amazon Prime 等其他巨头的强烈竞争时，提升市场份额和用户忠诚度。

从长远来看，迪士尼全面收购 Hulu，将推动其在优质内容生产上的进一步提升，这为迪士尼注入了新的创意灵感。而迪士尼以丰富的 IP 资源和跨界合作能力，可以通过更多的品牌联动和内容开发，提升 Hulu 的市场吸引力。因此将 Hulu 整合到 Disney+构建流媒体数字生态，不仅有助于迪士尼增加用户订阅数量，还会降低迪士尼在流媒体领域的运营成本，有效应对 Netflix 等巨头的市场竞争。

（资料来源：巨头迪士尼的"百岁生日"：从流媒体重新出发[EB/OL].（2023-12-01）. https：//www.jemian.com/article/10478416.html.）

四、组织适应性变革

一方面，组织适应性变革体现为外部利益相关者在数字链接下越发深入地嵌入组织内部流程，这种开放创新和众包驱动组织形成生态系统结构，提升其可渗透性和敏捷性，企业组织将更加敏捷、更具适应性和无边界性（Hanelt et al.，2020）。因此数字化运营管理需要组织结构趋向于网络化、扁平化变革，具有去中心化、去中介化等特点，加速了数据等信息在组织内传递与共享；同时，扁平化促进了分工深化，在提升组织效率的同时支撑企业横向业务的跨界发展，为用户创造更多价值（戚聿东、肖旭，2020）。另一方面，组织结构的转变推动企业的纵向分权和横向跨界趋势。由于数字技术驱动的生产运营和管理运营具有更高复杂性、非线性、不可预测性和多元交互性等特征，科学管理所需的海量知识等资源越发难以集中于少数人手中，也无法依靠少数人力量指挥员工响应广泛多元的个性化定制需求，因此组织结构设计从集权向纵向分权转变（戚聿东、徐凯歌，2024）。同时，数据要素和数字技术穿透企业组织各模块，组织从线性控制的单中心结构向网络协同的多中心转变，构成"数据—物质—社会"松散耦合的复杂动态系统（王芳、郭雷，2022），企业的行业属性难以定位，行业壁垒无法持续建立，"跨界融合"成为组织常态。

五、数字化流程重塑

数字化流程重塑主要表现为业务流程的数字化转型，是指数字技术与业务流程的深度融合（刘柏、鞠瑶蕾，2024），基于数字技术补充或改进现有的业务流程，从而重塑价值链，有利于企业获取信息、促进沟通，满足企业的数字化技能需求（易靖韬、曹若楠，2022）。因此流程数字化能够将传统的固定过程及其信息从模拟形态转化为数字形态，提升了企业对业务流程的实时监测能力、动态整合能力和调整优化能力，不仅有效提升企业的运营效率并降低单位成本，而且强化企业运营的韧性水平（Kamalaldin et al.，2021）。

六、数字能力塑造

数字能力（Digital Capability）是企业运用数据要素和数字技术实施管理职能的体系，通常是指企业将数字技术和数字资产与商业资源组合创新产品和服务的能力，一般包括数字研发与创新能力、数字生产管理与控制能力、供应链数字化管理能力、数字财务管理与控制能力、数字化业务管理与控制能力以及客户服务数字化能力。

在开展数字化管理的过程中，数字能力是重要的基础支撑，而构建数字能力是一项系统工程。企业构建数字能力的过程可以用数字化能力建设框架（FBDC 模型）完整刻画（Li et al.，2022），如图 4-2 所示。

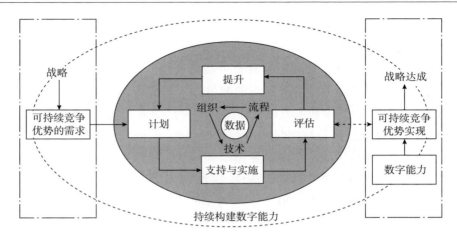

图 4-2 企业数字化能力建设框架

资料来源：Li J, Zhou J, Cheng Y. Conceptual Method and Empirical Practice of Building Digital Capability of Industrial Enterprises in the Digital Age［J］. IEEE Transactionson Engineering Management, 2022, 69（5）: 1902-1916.

第一，明晰企业战略和构建可持续竞争优势的需求。企业需要站在全局战略的高度规划数字能力建设，并且确保数字能力构建的结果能够支撑企业获得可持续竞争优势。一方面，企业针对外部环境及其发展趋势开展分析（如经济环境、产业政策、技术创新、市场需求等），以及对关键资源和现有能力等资源基础进行分析；另一方面，基于上述分析并结合竞争对手的现状和未来战略，明确企业自身构建可持续竞争优势的需求。

第二，数字能力及其目标的识别。根据获得可持续竞争优势的需求，企业明确对应的数字能力需求及其建设周期。首先，基于构建可持续竞争优势的需要，并基于企业现有能力和潜在提升需求的系统分析，识别 ICT 赋能的数字能力需求。其次，企业建立数字能力建设的评价指标体系，确定数字能力建设的总体目标和阶段目标以确保数字能力建设达到预期目标。

第三，数字能力建设的系统实施，包括数据开发利用、技术应用、业务流程再造、组织效率提升等的协同运转。首先，企业需要从整体上分析和部署数字能力建设的相关活动及资源，制定数字能力建设的总体方案和资源投入计划。其次，合理制定数字能力开发活动的责任人、实施细节和方法等，并按照计划协调实施各项活动。

第四，数字能力建设过程的闭环管理。计划（Plan）—支持与实施（Do）—评估（Check）—提升（Advance）是对数字化能力建设相关活动和资源进行闭环管理的核心过程。同时，企业还应将建设过程的实时状态与预期结果进行比较，以不断提高数字化能力建设的绩效，同时运用数据采集、动态分析、预警反馈等手段，对数字化能力建设过程进行持续控制，实现数据、技术、业务流程、组织结构、战略实施和可持续竞争优势的协调发展。评估结果的反馈能够帮助企业发现数字化能力建设过程中的不足并进行整改，为数字化能力建设的持续优化提供支撑。

七、商业模式数字化

数字管理的最终结果是推动商业模式的数字化创新。商业模式是企业创造、传递和获取价值的活动架构（Teece，2010），其阐释了企业价值主张、价值创造和价值获取的机制设计（韩炜等，2021）。具体来看，商业模式架构的设计包含五项关键活动。第一，选择嵌入产品或服务的技术和功能特征，为用户创造差异化价值。第二，确定客户使用产品或服务所能获取的收益，确定用户的价值主张或挖掘用户需求。第三，根据技术特征或用户需求特征，确定细分的目标市场。第四，确定可行的收入来源，对价值获取的渠道进行设计。第五，设计价值获取机制，促进技术创新和商业模式耦合才能实现从创新中获利。上述商业模式的架构设计是一项动态演化创新的过程，需要结合市场和技术等环境的变革而动态调整。

数字商业模式是企业运用数字技术开发的一种新型商业模式，有利于企业创造并获取更多价值（钱雨、孙新波，2021）。数字商业模式的设计过程是价值主张、价值创造和价值获取的数字化重构过程。

价值主张的数字化是企业在数字经济时代能够基于数字技术挖掘跨界竞争机会或应对跨界颠覆，选择创建新的、不可预测的市场或构建模糊的市场边界，从而为重塑价值主张和迅速捕捉市场新需求新机遇创造战略空间。这需要企业能够运用大数据、人工智能等数字技术迅速捕捉市场异质性需求，并通过数字化产品创新为用户创造更加丰富的价值体系，满足用户价值属性变化的需要。

价值创造的数字化是企业基于动态能力重构价值创造过程。企业运用数字技术建立与用户深度互动的沟通环境甚至将用户纳入价值创造过程开展价值共创。以用户为中心的信息互动促使企业建立快速响应的业务流程，有效降低组织内部成本和提升运营效率。为此，企业将进一步优化组织结构，构建以网络化、扁平化、平台化为特征的组织架构，打造敏捷组织。最后，用户深度互动、快速响应的业务流程和敏捷的组织架构共同形成"端到端"的服务网络，打造丰富的资源与能力组合，迅速识别用户需求并通过"去中介化"快速提供产品和服务价值，有效实现企业价值主张和满足用户价值需求。

价值获取的数字化是企业通过激励机制设计和价值交付机制设计，促进利益相关者持续参与价值创造的循环过程。运用数字技术有助于精准衡量多元利益主体的价值创造，为互补者、供应商、用户等多元主体的价值分配提供合理依据，形成动态激励机制设计。此外，数字价值交付颠覆了传统的产品或服务单向交付和价值独占的价值获取机制，而是形成激励与交付的有机协同促进多元利益相关者开展价值共创，从而能够持续成为价值创造的重要主体。

数字时代商业模式创新——以苹果公司为案例

苹果公司自 1976 年成立以来，其商业模式经历过四次大的创新，这四个阶段分别为：产品型商业模式、服务型商业模式、平台型商业模式、生态型商业模式。

在 2001 年之前，苹果公司采取的是产品型商业模式。1976—2000 年，苹果公司的产品线不断扩展，完成了"苹果"单一系列产品向 Mac 系列产品的"跃迁"。这期间，苹果先后推出了 Apple Ⅰ、Apple Ⅱ、Apple Ⅲ、丽萨电脑、iMac 电脑、iBook 等硬件产品。

2001 年是苹果公司从产品型商业模式向服务型商业模式转型的关键一年，这一年苹果对外宣布了"数字中枢"战略，这一战略以顾客为中心，认为个人电脑将成为"数字中枢"，它可以整合各种数字设备，包括音乐播放器、录像机和照相机，用户可以利用计算机连接并同步所有以上设备，也可以获取音乐、图片、视频、信息等。苹果公司

"数字中枢"战略的目标是塑造顾客"数字生活方式"。2001—2006 年是苹果公司历史上最为重要的一个阶段，其间苹果公司不仅开创了"硬件+软件+服务"的一体化商业模式，利用 iTunes 等软件让移动数字设备和电脑连接起来，实现了多设备资源的共享，还将硬件产品与在线服务无缝集成。

随着手机的逐步普及，苹果公司利用 iPhone 推动从服务型商业模式向平台型商业模式转型。苹果公司推出了数字化移动应用程序发行平台：AppStore，并将 iPhone 与其连接起来。在"iPhone+AppStore"的平台型商业模式中，苹果公司不仅赚取硬件的利润，还收取平台费用，即通过 App 应用程序的销售分成来获利。

在 AppStore 平台的基础上，苹果公司加快了向生态型商业模式转型的力度。在"软硬一体化战略"的指引下，苹果公司一方面不断推出新的硬件产品；另一方面则围绕硬件打造场景服务应用，每个硬件都会构建一个生态圈。2018 年 8 月，苹果公司成为历史上第一家市值突破 10000 亿美元的企业。2020 年 12 月最后一个交易日的市值达到 21934 亿美元。2011—2020 年 10 年其市值增长了约 11 倍。

（资料来源：曹仰锋. 数字时代商业模式创新——以苹果公司为案例［J/OL］. 管理，（2022-01-24）. https://mp. weixin. qq. com/s?_biz=MzI3NDcwNzMwMw==&mid=2247491470&idx=1&sn=a83f72576f1896fb40dc9fe8d4d09f76&chksm=eb0eb986dc7930908ca83ea3ef4ec2bb7d3bb6ca14d3fbb8dc09fc6601a1cebb055e9fe86e89&scene=27.)

第三节　数字管理工具

数字管理工具是基于数字技术开发的用于满足管理职能需求的工具组合，通常包括基础支撑工具、智能分析与决策工具、业务流程和资源管理工具、协同与沟通工具、客户关系管理工具、科技研发与项目管理工具、安全与合规工具等。数字化管理工具的应用有助于组织提升管理效率，降低管理成本，敏捷响应市场需求，支撑新业态新模式的有效运转。

数字技术是驱动数字化管理工具的核心动能，其与管理职能深度融合对改善企业管理的经济结果产生积极影响。人工智能技术与管理的深度融合正在全面重塑管理过程。在管理数据采集过程中，基于机器视觉等技术能够识别图像、视频、文字等多元异构数据，实现运营数据的实时收集。在管理决策过程中，基于人工智能技术开发的商业智能工具和预测分析系统能够为管理者提供充分的决策支持。在运营管理过程中，人工智能驱动的自动化技术具有更强的流程运营和管理能力，完成程序化运营工作，并且能够为管理者提供供应链的动态管理和优化支持。此外，人工智能也能为用户提供全天候的智能客服，优化客户关系管理系统，实时把握用户需求。

安永中国的 DeepSeek 实践

在人工智能技术迭代加速的全球背景下，DeepSeek 凭借其颠覆性的技术架构与工程创新，迅速成为推动行业范式变革的核心引擎。安永作为全球领先的咨询机构之一，不仅是 AI 技术在企业服务的倡导者，更是深度实践者。2024 年 6 月起，安永中国便率先将 DeepSeek 模型融入业务实践，并通过自研大模型平台 METIS，开展 DeepSeek 各版本（包括 V2、V2.5、V3、R1 等）的接入和应用，目前已基于 R1 版本深度融入全业务场景应用。安永自研大模型平台 METIS 以深厚的行业专业知识为基础，深度融合 DeepSeek 模型，目前已应用于智慧财务、风险合规、经营分析、智能文档处理、员工管理、合同审查及供应商风险评估等多个领域。该平台也可以根据企业的特定需求，提供定制化的 AI 模型，得到企业专属的 AI 解决方案，这不仅包括一体化的 AI 底座，而且能够为企业管理运营提供智能办公助手、知识库智慧检索、智能辅助决策和解决方案智能生成等 AI 服务，极大提升了企业管理效能。

（资料来源：顾卿华，王志远，陈剑光 . 锐意探索，深度应用：安永中国的 DeepSeek 实践与观察［EB/OL］.（2025-02-20）. https：//baijiahao. baidu. com/s？id=1824565417513661364&wfr=spider&for=pc. ）

区块链是通过加密技术的形式建立一种去中心化的分布式账本，能够有效存储和传递管理所需的各类信息。由于区块链技术的数字加密属性，能够确保数据无偏、安全和不易篡改，有助于强化信任机制和降低制度性成本，能够被广泛应用于金融、物流、商业、贸易、医疗、政务等多个领域。例如，在产品溯源领域，运用区块链技术能够追踪原材料等的供应源头、物流状态和使用去向，将种植者/开采者、供应商、加工商、批发商等多元主体相连接，极大提升了企业供应链管理效能。在金融支付领域，区块链技术被广泛用于数字货币的支付交易和安全保障，显著降低了商业管理中的交易成本。

云计算是基于互联网的 IT 服务模式，将算力等资源虚拟化和动态配置，为用户提供定制化的软件、硬件和计算等数字服务。因此云计算有利于企业节约 IT 设备投资成本，根据自身需求动态配置数字资源，优化企业资源配置。根据云服务模式的对象差异，企业管理可以采用的云计算模式包括：一是公有云。面向所有个人和组织的云服务，共同享用基础设施、开发平台和应用终端。二是私有云。面向特定组织的云服务，相对公有云具有资源专属、高度可控和安全隔离等优势，对高敏感数据和强监管行业具有更好的适用性。三是团体云。向有共同需求或共同安排的相关团体提供云服务，满足商业团体的共性技术需求，具有较好的成本优势。四是混合云。将上述三种模式混合部署就形成混合云模式，满足用户的多元性复合需求。

大数据是赋能企业发展的重要动力。通过充分运用数据和数字技术，能够使数据技术逻辑向商业逻辑及管理机制不断逼近（黄楠等，2024），促进数据要素与管理要素的深度融合。管理者要充分认识大数据的重要性，将大数据主动运用于管理决策，摒弃传统经验驱动的决策模式，提升企业的管理智能化水平，动态调整企业的商业战略。同时，大数据嵌入管理工具有利于形成供应链管理、客户关系管理、人力资源管理、财务管理等数字化管理系统，将企业运营管理置于数据要素基础之上，使大数据下沉为一项重要的生产要素。

第四节　数字管理的挑战与展望

一、数字管理面临多元挑战

数字管理面临多元挑战的核心在于数据爆炸、合规高压、技术迭代与价值衡量的多重矛盾交织，这些挑战共同构成了数字化转型的深层阻力。

第一，数据规模过快增长导致数据爆炸，企业数据处理面临信息过载问题。由于数据管理能力建设滞后，导致企业数据资源难以被有效应用，甚至由于信息过载导致企业面临高昂的数据存储成本，或者要求企业花费高昂成本打造即时的数据处理能力，这对企业资源和能力提出较高层次需求。

第二，数据安全和隐私保护成为数字管理的新"红线"。数字管理需要基于大数据和深度数据挖掘而展开，往往涉及用户数据的调用和处理，既要保障用户数据安全，同时也要防范私人数据隐私被非法侵犯。这使数字管理面临较大的合规风险。

第三，数字管理面临高速迭代的技术变革，对组织学习提出更高要求。数字技术具有迭代速度快和非线性演化等特征，使数字管理技术与工具也处于快速变革之中。一方面，不断升级的数字管理工具提高了技术应用门槛，需要企业组织和员工持续开展工具培训与学习，重构数字能力和知识基础，提高了管理的复杂度；另一方面，不断变化的数字管理工具给组织文化、惯例等带来变革冲击，数字管理能否与企业文化兼容适配成为管理数字化变革的重要挑战。

第四，数字管理的效果评估缺乏统一的衡量方法。数字管理往往需要大量物质和人力资本投入，但数字管理的经济结果往往难以衡量。一方面，企业无法明晰数字化短期投入和未来长期收益之间的关系，从而无法有效制定数字投资战略；另一方面，由于缺乏一致的评价标准，企业难以量化数字管理的经济结果和收益，导致企业缺乏管理数字化转型的动力。

二、数字管理变革趋势

数字管理未来将成为企业管理的"新常态",是企业数字化转型的核心抓手。目前,管理数字化变革涌现出诸多新趋势。

第一,人工智能成为驱动管理数智化升级的关键动能。随着人工智能算力、算法和数据的快速演进,以生成式人工智能为代表的智能模型正在从辅助分析的管理角色向智能决策转变,成为支撑企业战略决策的主体之一,人机协同成为企业管理的重要方式。因此,企业组织结构越发趋于扁平化和去中心化,既懂商业逻辑又懂数字技术的复合人才正成为企业构筑竞争优势的关键核心资源。

第二,数字化、智能化、绿色化、高级化协同发展成为数字管理的战略目标。数字管理既是企业数字化转型的关键构成部分,对企业数字化变革也具有显著驱动效应。数字化构成智能化的基础,驱动智能运营和智慧决策,使人工智能成为提升企业效率的新质生产力。数字化与智能化促进企业管理和运营的绿色化变革,提升资源使用效率和降低污染排放。数字化、智能化和绿色化的价值创造体系是产业结构高级化的明显标志,意味着企业在数字管理的支撑下实现了"质"的演变。

第三,场景成为数字化管理的重要对象。数字化管理的对象将从传统的资源管理、流程管理和业务管理等向场景管理转变。数字化业务场景在空间维度集成了软件、硬件、网络和平台,构成数字化业务运转和数字管理活动的多维空间。数据成为管理的重要资源基础,包括产品数据、运营数据、供应链数据和环境数据等。数字场景管理的主体突破了组织边界,从原来管理职能部门及其管理者拓展为囊括外部组织和战略伙伴的多元利益相关者。数字管理业务场景的客体则以用户为中心,包含需求定义、研发创新、生产交付、产品运维、服务运营等,覆盖用户价值创造、价值传递和价值获取的全过程。

第四,链式转型和集群转型将成为未来数字管理变革的重要模式。数字技术驱动的数字管理将突破组织边界并强化组织间协同与联系,形成以商业生态系统为载体的商业集群。在生态系统内,企业的数字化管理变革将沿着供应链、产业链、技术网络、产业集群等渗透扩散,数字管理通过链式转型和集群转型等表现形式形成生态系统内的数字溢出效应，加速推进管理的数字化变革进程。

温州鹿城：加速打造皮革制鞋行业产业大脑

鞋革产业是温州市传统支柱产业，但近年来发展陷入瓶颈期。2020年，鞋革产业规模以上企业增加值、规模效益、销售收入、利润总额和产能利用率等指标都处于五大传统产业的末位。为加快实现鞋革产业数字化转型，全面增强温州鞋革产业核心竞争力，温州市委、市政府在人工智能领域积极布局，形成了由鹿城区政府牵头建设的省级产业大脑，以及惠利玛产业互联网平台等重要载体，打造一批具有示范意义的"AI+产业大脑"应用场景。目前，皮革制鞋行业产业大脑建设工作主要通过融合已有平台创新大脑应用场景，打造产业链分析、产业供应链采购协同平台、产业金融服务平台、区块链一物一码等共性技术服务平台，赋能政府侧、服务企业侧。此举将进一步加强产业链上下游协同发展，逐步实现皮革制鞋行业产业链、供应链、资金链、创新链"四链融合"。到2025年，温州市预计实现浙江省产业大脑全面推广应用，与国际主流行业平台互通，接入企业5000家以上。依托"AI产业大脑"建设，力争实现鞋业总产值年增速10%，新产品产值增速15%，鞋企数字化覆盖率100%，新增建成设计师协同平台10个以上。

（资料来源：温州鹿城：加速打造皮革制鞋行业产业大脑［EB/OL］．（2021-06-09）．http：//st. zjol. com. cn/kjjsb/202106/t20210609_22649402. shtml. ）

第五章　数字金融

在全球数字化浪潮和新一轮科技革命的推动下，金融体系正经历深刻的结构性变革，数字金融已成为数字经济体系中最具活力和变革性的组成部分之一。作为以大数据、云计算、人工智能、区块链等新兴数字技术为核心驱动力的金融形态，数字金融不仅深刻重塑了传统金融的服务模式、组织结构与风险管理体系，更推动了金融服务的智能化、平台化与生态化演进。发展数字金融，不仅是提高金融体系资源配置效率、拓展普惠金融覆盖面的关键路径，也是落实国家"数字中国""金融强国"和"共同富裕"战略目标的重要抓手。本章首先探讨数字金融的内涵与特征；其次介绍数字金融的主要内容，在此基础上重点分析数字货币与我国数字人民币的建设实践；最后阐释数字金融的监管体系构建与监管科技应用等治理议题，为全面理解数字金融体系的发展提供理论与实践支撑。

第一节　数字金融的内涵与特征

一、数字金融的内涵

数字金融是指利用大科技平台、大数据以及云计算等科技方法，来创新金融产品、商业模式、技术应用和业务流程，包括两个方面：一是新型的科技公司，利用技术来提供金融的技术解决方案；二是传统的金融公司用数字技术改善服务①。与传统金融相比，数字金融强调利用互联网、移动通信、人工智能、大数据、云计算、区块链等技术手段，实现金融服务的数字化、网络化和智能化。数字金融的产品和服务形式多样，打破了传统金融服务在时间和空间上的限制。通过数字技术的赋能，金融服务提供方式、业务流程和商业模式发生了深刻转变，从而提升了金融体系的运行效率和普惠程度。

数字金融并非简单等同于"互联网金融"。互联网金融通常指利用互联网技术开展的金融业务，是数字金融早期形态的一部分。而数字金融的外延更广，不仅包括互联网技术，还包括人工智能、区块链等更宽泛的数字技术应用，以及由此带来的金融业态全方位变革。从服务对象来看，数字金融既包括面向传统银行客户的数字化服务升级，也包括通过金融科技手段触达长尾客户、促进普惠金融的创新实践。从业务功能来看，数字金融覆盖支付结算、融资信贷、投资理财、保险保障等金融核心功能，并通过数字化手段改进这些功能的实现方式。从产业形态看，数字金融催生了第三方支付平台、互联网银行、数字资产交易平台等新型金融业态，金融服务供给主体更加多元化。数字金融是在数字技术驱动下对金融体系进行的重塑与升级，其本质是在风险可控前提下利用技术手段更高效地配置金融资源。

二、数字金融的特征

与传统金融相比，数字金融具有以下特征：

（一）普惠性

数字金融大幅降低了获取金融服务的门槛，拓展了金融服务的覆盖范围。借助移动互联网和大数据风控，金融机构能够触达过去难以服务的长尾客户，使偏远地区、低收入人群也能方便地享受支付、信贷、保险等服务。数字金融的普惠特征在发展中国家体现得尤为明显，如移动支付在非洲的发展使大量无银行账户的人口首次获得了基础金融服务。普惠性使数字金融与普惠金融的目标高度契合，有助于缩小"金融鸿沟"，促进社会公平和包容性增长。

---

① 黄益平. 中国的数字金融革命［EB/OL］.（2023-01-12）. https：//www.idf.pku.edu.cn/gd/528064.htm.

（二）高效率

数字技术提升了金融交易的处理效率和资源配置效率。一方面，线上化和自动化降低了交易成本和时间成本，如移动支付使支付清算即时完成、大数据风控使贷款审批从几周缩短至数分钟。另一方面，数字金融通过信息技术优化资源配置，如智能投顾利用算法为用户提供个性化投资组合，大数据信贷通过分析海量非传统数据为小微企业提供信用贷款，均提高了资金配置效率。数字金融的发展使金融体系运行更为高效，金融服务的响应速度和便利性显著提升。

（三）便捷性

数字金融打破了金融服务对实体网点和人工渠道的依赖，实现 7×24 小时随时随地的服务可得性。用户只需通过手机等数字终端即可完成转账支付、投资理财、申请贷款等几乎全部金融活动。这种高度便捷性源于数字金融的线上化特征和优良的用户体验设计。例如，移动支付二维码的普及使个人日常支付变得极为简单、智能客服和聊天机器人提高了服务响应速度。数字金融服务嵌入人们日常生活消费的各种场景，提升了金融服务的可获得性和便利度。

（四）创新性

数字金融处于持续创新和演化中。新技术的涌现催生出金融新产品和新模式，如区块链技术催生数字资产与智能合约应用，物联网技术带动基于场景的数据金融服务等。同时，数字金融打破了传统行业边界，催生出"金融+科技"的跨界创新，如电商平台切入消费信贷、社交平台嵌入支付功能等。这些创新丰富了金融业态，也对传统金融机构形成倒逼，促使其加快数字化转型步伐。此外，数字金融的创新还体现在商业模式上，如平台生态模式下，金融产品与生活服务深度融合，形成全新的价值网络。总之，技术与模式的不断创新是数字金融蓬勃发展的内在动能。

肯尼亚 M-Pesa——数字普惠金融的先行者

作为数字金融促进普惠发展的经典案例，肯尼亚的 M-Pesa 移动支付服务生动展示了技术如何改变传统金融格局。2007 年，肯尼亚电信运营商 Safaricom 针对当地高比例无银行账户人口的资金转移困难，推出了基于手机短信技术的移动支付服务 M-Pesa，允许用户通过手机 SIM 卡完成资金转账、支付与存取现金，直接绕开传统银行渠道。

上线后，M-Pesa 迅速被肯尼亚大众接受。用户仅需到营业网点注册，即可通过遍布全国的代理网点存取现金。这一简单模式极大便利了无银行账户者的日常资金交易，如城市务工人员给乡村家人汇款，无须舟车劳顿或通过传统银行汇兑。截至 2016 年，肯尼亚超过 96% 的家庭至少有一名 M-Pesa 用户。其服务也扩展到账单支付、消费购物乃至小额贷款和储蓄功能，成为肯尼亚基础经济生活设施。

经过十多年发展，M-Pesa 的成功模式已从肯尼亚推广至非洲其他国家，2021 年其活跃用户超过 5000 万，每年处理的支付交易额达到数千亿美元级别，占肯尼亚 GDP 的比例一度超过 40%。M-Pesa 的普及显著提升了经济包容性：大量原被传统银行体系排除在外的低收入群体得以安全便捷地参与金融体系，更有效地管理资金。麻省理工学院研究表明，2008—2014 年 M-Pesa 的推广使约 2% 的肯尼亚家庭摆脱贫困，尤其显著改善了女性家庭的经济独立与生活水平，体现了数字金融在减贫中的巨大潜力。

M-Pesa 成功的关键因素有三个：一是肯尼亚监管机构初期采取的包容性政策，在确保安全的前提下给予充足的创新空间；二是电信运营商利用自身渠道和用户优势，成功解决用户信任和"最后一公里"问题；三是技术操作简单，通过短信技术适配低端手机，使金融服务的准入门槛极低。这些经验被多个发展中国家借鉴，推动全球范围内数亿人首次接入正规金融服务。因此，M-Pesa 被誉为全球数字普惠金融的先行范例。

当然，M-Pesa 也并非没有挑战。随着规模壮大，M-Pesa 几乎形成垄断地位，如何保持竞争与创新成为课题。同时，大量资金在通信网络中流转也引发了金融监管和反洗钱的要求，肯尼亚中央银行后来加强了对 M-Pesa 等移动金融的监管。此外，随着智能手机的普及和互联网的发展，M-Pesa 也需要不断升级技术、丰富功能以满足用户新需求。但无论如何，作为数字金融时代的先行者，M-Pesa成功开创了以移动技术推动金融普惠的新模式。它证明了数字技术可以大幅降低金融服务成本，使传统银行难以覆盖的人群也能以可负担的方式获取金融服务。这一点对于广大发展中国家具有重要启示。

M-Pesa案例表明，数字金融的意义超越了金融业本身，更体现为一种发展工具和社会工程。对于中国等新兴经济体而言，尽管国情不同，但"以科技促普惠"的理念是一致的。目前我国的移动支付和数字普惠金融也走在世界前列，大量农村地区通过手机即可获得金融服务。可以说，无论是肯尼亚还是我国的数字金融探索都指向同一方向：让金融服务变得无处不在、惠及每个人。这正是数字金融蓬勃发展的初衷和终极价值所在。

（资料来源：根据肯尼亚中央银行数据以及世界银行报告整理。）

第二节　数字金融的内容

本节聚焦数字金融在实际业务中的主要内容领域和创新实践模式。首先梳理数字金融涵盖的典型领域，包括数字支付、数字融资、数字投资和数字保险等，阐明各领域的发展现状和创新特点。随后，通过展示典型的创新实践案例，展示数字金融如何在不同场景下应用新技术、创造新模式，以解决传统金融痛点、提升服务效率与用户体验。

一、数字支付

数字支付是数字金融最基础的应用领域之一。数字支付是指利用数字技术进行的支付和清算，包括移动支付、互联网支付等多种形式。数字支付极大地改变了人们的日常交易习惯，在全球范围内迅速普及。

（一）移动支付的兴起与普及

移动支付是指通过手机等移动终端进行的支付交易，典型形式包括二维码扫码支付、NFC 近场支付等。我国是移动支付普及最快的国家之一。自 2010 年之后，支付宝、微信支付等移动支付工具迅速渗透大众生活。目前在我国的城市乃至乡村，小到路边摊贩、大到商场超市，都普遍支持二维码收款。移动支付之所以能在中国取得如此成功，一方面得益于智能手机和移动互联网的高度普及，另一方面也与平台企业的推广策略和良好用户体验密切相关。零手续费、红包优惠等措施培养了用户习惯，而扫码支付的便捷性、安全性赢得了各年龄层消费者的认可。在全球范围，移动支付也呈现快速增长趋势。例如，在印度，政府的数字化推动和 UPI 支付系统的建立使移动支付用户激增；非洲多国则通过通信运营商的移动钱包服务实现"弯道超车"。可以预见，移动支付将在全球进一步巩固其主流支付方式的地位。

（二）第三方支付与支付平台生态

所谓第三方支付，是指由非银行的第三方机构提供的网络支付服务。它常以支付平台的形式出现，连接着消费者、商户和金融机构。在我国，支付宝和财付通（微信支付）是最大的两家第三方支付平台。它们通过提供数字钱包、扫码支付、转账缴费等功能，建立起庞大的支付网络。第三方支付平台具有显著的网络效应：用户和商户规模越大，平台价值越高。这也导致市场呈高度集中格局——支付宝和财付通合计占据国内移动支付市场绝大部分份额。随着平台用户量的提升，支付平台逐步衍生出丰富的生态，如余额理财、消费贷款、生活服务缴费等。然而，支付平台的垄断优势也引起监管部门关注。近年来我国监管机构推动非银行支付机构网络支付清算平台的建立，将第三方支付资金流纳入集中清算，以防范系统性风险。另外，通过反垄断执法，要求大型支付平台破除不合理的系统壁垒，保障市场公平竞争。第三方支付作为数字支付的重要组成，已经从单一支付工具发展为综合性的金融服务平台，在方便用户的同时也改变了金融资源的配置格局。

（三）数字支付技术创新

在数字支付领域，技术创新一直驱动着产品形态演进。例如，生物识别支付让用户"刷脸"即可完成付款，无须携带任何介质；物联网支付则实现了机器与机器之间自动结算，如 ETC 不停车收费；区块链支付尝试利用分布式账本技术提高跨境支付效率和安全性。这些创新有的已经商用，有的还在测试阶段，但都预示着支付方式将更趋多元和智能。我国在部分支付技术上保持领先，如人脸识别支付已在商超和地铁闸机等场景落地应用。不过，新技术应用也带来新的挑战，如生物信息安全、链上交易监管等，需要同步考虑。另外，支付领域的国际标准也是未来关注重点——如不同国家的快速支付系统如何联通、数字货币如何用于跨境支付等。数字支付作为数字金融最成熟的领域，其未来创新将围绕更便捷、更安全和更广泛等特点展开，为整个数字金融生态提供源源不断的活力。

二、数字融资

数字融资是指通过数字平台和技术手段完成资金融通的服务，主要包括点对点网络借贷、数字小额贷款与消费金融、供应链金融与平台融资等。这一领域直接关系到资金供需对接，是传统信贷融资方式在数字时代的延伸和变革。

（一）点对点网络借贷

点对点网络借贷（Peer-to-Peer Lending，P2P）是数字融资的一种创新模式。它通过线上平台直接连接借款人和出借人，让个人之间可以借贷资金，而无须银行等传统中介。P2P 借贷起源于 2005 年的英国 Zopa 平台，我国从 2007 年前后开始出现 P2P 平台并在 2013—2015 年经历爆发式增长。当时行业准入门槛低，大量平台涌现，借助互联网高效撮合了巨量的借贷交易。据统计，高峰时期我国 P2P 平台数量曾多达约 5000 家，贷款余额数千亿元。然而，由于缺乏有效监管和风控，不少平台在激进扩张中积累了严重风险，出现资金池、自融、诈骗等乱象。在此背景下，监管部门启动了对网络借贷行业的专项整治。从 2016 年起，通过限额管理、备案试点、清退不合规平台等举措，P2P 行业规模持续收缩。截至 2020 年 11 月，我国运营中的 P2P 网贷机构已全部归零，较峰值时约 5000 家的规模实现了"清零"。这一过程被视为数字金融领域一次重要的风险出清。本质上，P2P 网络借贷的初衷是利用互联网提高借贷效率、服务小微群体，其兴起验证了数字金融降低中介成本的理论，但其衰落也警示我们：金融业务即便换了数字外衣，风险管理的本质要求并未降低。如果缺乏透明规范的管理，数字融资领域也可能重蹈传统金融风险的覆辙。

（二）数字小额贷款与消费金融

除了 P2P，数字技术在小额信贷和消费金融领域的应用也极为广泛。许多持牌金融机构和互联网公司运用大数据风控模型，为个人和小微企业提供线上贷款服务。例如，蚂蚁集团的"花呗""借呗"，腾讯的"微粒贷"，京东的"白条"等，都是依托用户线上行为数据进行信用评估，在线发放的小额消费贷款产品。这类数字信贷具有额度小、放款快、无须抵押等特点，深受年轻消费者和小微创业者欢迎。以蚂蚁集团为例，其小额信贷服务曾在短时间内积累了数亿用户和可观的贷款余额。然而在其快速发展的同时，过度借贷、利率畸高、共债风险等问题也引发了监管部门担忧。近年来监管部门对互联网小贷加强管理，要求持牌经营、限额放贷，并整顿不当催收行为。在银行体系内，各商业银行也纷纷推出线上贷款产品，通过与电商平台数据对接，提高对中小客户的授信能力。这些数字小贷产品提高了融资可得性，有助于解决小微企业"融资难、融资贵"问题。但同时需要平衡风险，做到"小额分散"、审慎授信，防止数字技术降低风控标准。数字小额贷款已成为普惠金融的重要工具和银行信贷业务的新增长点，其核心在于运用数据和模型解决信息不对称，从而实现"批量化、自动化"的低成本信贷供给。

（三）供应链金融与平台融资

借助数字技术，供应链金融和平台生态中的融资服务也取得突破。传统供应链金融依托于核心企业，为上下游中小企业提供应收账款融资等服务。现在很多这类业务通过线上平台完成，运用区块链、物联网等技术增强信用传递。例如，区块链应收账款平台可以将核心企业信用拆分传递，多级供应商凭借电子凭证向银行融资。这种数字供应链金融提高了产业链上弱势企业的融资能力。同样，电商平台、物流平台也纷纷开展嵌入式融资服务，平台利用掌握的交易和信用数据，联合金融机构为平台上的商户提供订单贷、库存贷等产品。这种平台融资模式的优势在于数据风控精准、融资场景明确、风险相对可控。需要注意的是，平台在其中扮演类似银行的角色，却未必受到同等强度监管，可能出现监管真空。因此，近年来监管机构也逐步要求大型平台金融业务纳入统一监管和资本约束。总体来看，数字融资正呈现场景化和生态化趋势，资金供给嵌入具体应用场景，如消费、供应链、平台交易等，以数据为纽带高效连接资金需求方。这大大拓宽了融资渠道，但也对风险管理提出新的课题。

三、数字投资

数字投资涉及利用数字技术改造传统的投资理财、财富管理业务，包括互联网理财平台、智能投顾以及数字资产投资等方面。该领域直接关系居民财富保值增值和资本市场效率，也是数字金融创新的活跃板块。

（一）互联网理财平台

随着居民理财需求的增加和互联网技术的发展，大批互联网理财平台应运而生。这些平台打破了传统银行理财的渠道垄断，通过手机 App 或网站向广大用户提供多样化的投资产品。一类典型是基金销售平台，用户可以便捷地购买公募基金、货币基金等产品。2013 年支付宝推出余额宝——一款对接货币市场基金的余额增值服务，用户将闲置资金存入余额宝即可获得收益。余额宝以其低门槛、灵活赎回、收益稳健等特点，短短几年吸引了数亿用户，规模一度冲上全球最大货币基金，巅峰时期（2018 年）余额宝的资金规模高达 1.7 万亿元。这一现象证明，通过互联网渠道可以极大激发大众的理财热情。然而，巨大的资金规模也引发了流动性和监管方面的担忧。2017 年以来，监管部门多次出台措施限制单只货币基金的过度集中，余额宝也分流至多只基金运营，其规模逐渐下降至较为合理的水平。除货币基金外，互联网理财平台还提供保险理财、银行存款产品、贵金属等多元选择，并通过大数据为用户匹配合适的产品。整体而言，互联网理财平台提高了投资产品的可获得性和透明度，让普通投资者也能方便地进行资产配置。但同时，平台需要承担起投资者教育和风险提示责任，监管也要求持牌展业、防范误导宣传，确保投资者权益。

（二）智能投顾与量化投资

智能投顾是指运用人工智能算法为客户提供自动化的投资顾问服务。传统财富管理往往依赖人工顾问，一对一服务成本高且服务范围有限。智能投顾通过问卷调查和数据分析，了解客户的风险偏好和财务目标，然后利用模型推荐投资组合，并自动进行投资组合再平衡。智能投顾具有费用低、门槛低、客观理性的优点，适合服务大众富裕人群甚至中小投资者。

近年来，银行和券商也纷纷上线智能投顾功能，作为理财经理的辅助。目前，智能投顾管理的资产规模相较整个理财市场仍然较小，但增速很快。除了面向个人的投顾，人工智能和大数据也被广泛应用于量化投资和高频交易领域。算法交易利用模型和程序自动执行买卖决策，占据了股票、期货市场相当交易份额。量化投资策略的普及使市场定价更加高效，但也可能加剧市场波动，引发"闪崩"等现象，需要监管关注总量风险和公平性问题。可以预见，随着人工智能技术的进步，智能投顾和量化交易将更趋成熟，对传统投资顾问行业带来持续影响。

（三）数字资产与新型投资产品

在数字技术的推动下，一些新兴的投资品种出现并逐步发展。例如，数字资产包括加密货币和各种基于区块链的代币资产。然而，这类资产价格波动剧烈、缺乏内在价值支持，普通投资者盲目介入风险极高。我国政府已明令禁止加密货币交易和ICO融资，以防范相关风险。除了加密货币，一些新型投资产品也在数字平台出现，如艺术品份额化交易、域名和虚拟道具交易等。这些资产类别具有高风险和投机性，监管部门多持谨慎态度，防止变相金融炒作。此外，金融机构也在尝试开发数字化结构性产品、ESG投资等迎合新趋势，如通过大数据分析选取环境友好企业组合等。这些都属于数字时代财富管理内容的延伸。

数字投资与财富管理领域的创新丰富了投资选择，但也伴随着不少投机和合规风险。监管需要在鼓励创新和保护投资者之间把握尺度，既不能让非法金融活动打着数字创新幌子滋生，也不能过度遏制真正有价值的新模式。对于投资者来说，应树立"买者自负"理念，充分认识各类数字投资产品的风险收益特征，不盲从盲信，从而理性参与数字财富管理。随着技术和监管的共同进步，数字投资有望在合规框架下发挥积极作用，提高市场运行效率和居民理财福祉。

四、数字保险

数字保险是利用线上渠道销售保险产品、提供理赔服务，以及通过大数据定价的新型保险模式。用户可以通过互联网比较各家保险报价并投保在线保单，理赔流程也逐步线上化、自助化。例如，中国的众安在线打造了纯数字保险模式，推出退货运费险、航班延误险等产品，利用大数据迅速定价并在线承保。同时，一些传统复杂保险（如寿险）也开始借助人工智能进行精准营销和风险控制。数字保险拓展了保险的场景应用和覆盖人群，但也对风险防范和消费者保护提出新挑战。

第三节　数字货币

本节关注数字金融发展中最受瞩目的领域之一——数字货币。首先阐述数字货币的概念与类型，包括加密数字货币、稳定币以及法定数字货币等，并分析各自的特征与作用，在此基础上重点介绍我国数字人民币（e-CNY）的研发试点进展和应用场景。

一、数字货币的概念与类别

数字货币泛指以数字形式存在和流通的货币价值载体，可以分为加密数字货币、稳定币以及法定数字货币三大类。

（一）加密数字货币

加密数字货币通常由私人发行，不由国家背书，采用密码学和分布式账本技术来确保交易安全和货币发行管理。比特币（Bitcoin）是典型代表，于 2009 年由中本聪提出，是世界上第一个去中心化加密货币。此后，以太坊（Ethereum）、瑞波币（XRP）等加密货币相继出现。加密货币具有去中心化、总量有限、匿名性等特征，吸引了一批拥趸视其为"数字黄金"或价值储藏手段。然而，由于不受主权信用支撑，其价格高度不稳定，主要交易仍集中在投机和加密资产生态内部，尚未被广泛用作日常交易支付手段。各国政府普遍对私人加密货币持审慎乃至否定态度，担心其助长非法交易、冲击金融秩序。中国人民银行自 2017 年起明令禁止加密货币交易和代币发行融资（ICO），多次整肃相关活动。因此，我国的数字货币讨论重点已转向法定数字货币领域。

（二）稳定币

稳定币是一种特殊的加密数字货币，旨在通过资产抵押或算法调节，使币值与某种锚定资产（如美元）保持相对稳定。例如，泰达币（USDT）和美元硬币（USDC）等都是以 1:1 锚定美元的稳定币，理论上每发行 1 枚就有 1 美元或等值资产储备作为支撑。稳定币最初的用途是为加密市场提供一种稳定的记账单位和中介媒介，以减少直接使用比特币等波动性资产交易的风险。随着影响力扩大，稳定币也引起各国监管关注。尤其是 2019 年 Facebook 主导提出的 Libra 全球稳定币计划，试图打造锚定一篮子货币的稳定币，被许多国家视为对本国货币主权和支付体系的潜在威胁，最终在强监管压力下被迫终止。稳定币本身存在的风险包括储备资产透明度和安全性不足，可能导致信用风险、规模过大从而影响国际货币体系稳定等。国际清算银行调查显示，目前稳定币和其他加密资产在主流经济体的支付使用中非常有限。总体来说，各国倾向于将合规的稳定币纳入现行监管框架，对不合规的则严格限制。与此同时，官方应更积极地在法定数字货币领域发力，以提供安全可靠的替代方案。

（三）法定数字货币

法定数字货币是由国家货币当局（通常是中央银行）发行的数字形式法定货币。它代表主权信用，具有法偿性，与传统纸币和硬币处在同等地位。根据应用场景不同，中央银行数字货币（CBDC）可分为批发型（供金融机构在银行间结算使用）和零售型（面向公众用于日常支付）。全球主要经济体普遍对零售型 CBDC 更为重视，因为这直接涉及未来现金的数字替代。推动中央银行发行数字货币的动力包括：应对私人加密货币和国外数字货币挑战，提升支付体系效率和普惠性，加强对货币流通的控制和监测，以及在某些情况下实现货币政策直达等。据国际清算银行 2022 年调查，全球已有 93% 的中央银行介入某种形式的 CBDC 研究或试验。其中，少数国家率先投入流通，如巴哈马在 2020 年发行了全球首个零售 CBDC "Sand Dollar"，尼日利亚于 2021 年推出了 eNaira。我国的数字人民币（e-CNY）研发走在前列，目前仍在试点阶段。法定数字货币的技术实现方式多种多样，有的基于分布式账本，有的扩展自现有银行账户体系。无论技术路线如何，CBDC 的核心是在保持中央银行信用和控制力的同时，实现现金的数字化升级。CBDC 有望在提升支付效率、促进普惠金融、打击洗钱犯罪等方面发挥积极作用。不过也面临挑战，如如何保护用户隐私、避免对银行存款的大规模替代，以及跨境使用涉及的主权协调等。各国中央银行因此在推进 CBDC 时十分谨慎，通常经过长期研究、小规模试点、逐步扩大范围的过程。

二、我国数字人民币的建设与应用

作为人口和经济规模均居前列的大国，我国在法定数字货币领域的探索备受瞩目。中国人民银行自 2014 年即开始研究法定数字货币方案，经过多年的内部研发和小范围测试，于 2020 年正式启动数字人民币（e-CNY）试点。以下从研发历程与动因、设计特征、试点推进与使用情况等方面介绍我国数字人民币建设情况。

（一）研发历程与动因

我国较早认识到数字货币的重要战略意义。2014 年，中国人民银行开始启动研究发行数字形式法定货币，以提高支付效率和掌控货币发行主动权。此后，中国人民银行成立数字货币研究所，攻关相关技术。进入 2019 年，Libra 计划的出现进一步刺激了我国加快法定数字货币进程。同年年底，国务院正式批准在深圳等地开展数字人民币试点。我国推动数字人民币的动因主要有：一是完善国内零售支付体系，为公众提供和现金一样安全的电子支付方式，增强支付系统韧性；二是提升普惠金融，便利老年人、偏远地区居民等使用数字支付；三是打击犯罪，通过可控匿名设计打击洗钱、腐败等非法资金流动；四是助力人民币国际化，为跨境交易提供新的支付选择。我国将数字人民币视为金融基础设施升级的重要工程，其意义不仅在技术，更在于服务实体经济和国家战略。

（二）设计特征

数字人民币的设计遵循"双层投放、M0 替代、可控匿名"三大原则。双层投放是指中国人民银行先把数字货币兑换给指定运营机构，再由这些机构兑换给公众使用。这避免了中国人民银行直接面对海量用户的运营挑战，与现行货币发行体系相衔接。M0 替代意味着数字人民币定位于流通中现金（M0）的替代和补充，并不计付利息，因此对银行存款（M1/M2）和货币政策中介不会造成大的冲击。可控匿名则指数字人民币交易在小额时具有类似现金的匿名性保护，但在大额或涉及违法时中央银行能够追踪，可在保护隐私与防范犯罪之间取得平衡。此外，数字人民币采用了账户松耦合的设计：既可以绑定银行账户使用，也可通过数字钱包以匿名模式使用。它支持双离线支付，即交易双方在无网情况下也能转账，这对提高系统可靠性和应急场景下的可用性很有意义。在技术上，e-CNY 并非完全基于区块链，而是采取中心化+分布式混合架构，确保高并发性能。相较支付宝等私营支付，e-CNY 具有更高的安全级别和法律强制流通属性。

（三）试点推进与使用情况

为稳妥推进数字人民币研发，我国采取先试点的策略。自 2019 年末以来，人民银行在深圳、苏州、雄安、成都及 2022 年北京冬奥会场景开展数字人民币试点测试，2020 年 11 月开始，新增上海、海南、长沙、西安、青岛、大连作为试点地区①。在 2022 年北京冬奥会、冬残奥会上，数字人民币作为我国金融科技发展的重要成果精彩亮相，满足了场馆内观众的移动支付需求，也为境外来华人员提供了安全高效的创新支付方式②。近年来，数字人民币试点范围不停扩容。当前，数字人民币已经在 17 个省份开展试点，在批发零售、餐饮文旅、教育医疗等领域持续探索，形成了一批涵盖线上线下、可复制可推广的应用方案，在拉动居民消费、推动绿色转型、优化营商环境等方面，已经发挥了积极作用。中国人民银行统计数据显示，截至 2024 年 6 月末，数字人民币累计交易金额达 7 万亿元③。不过，需要看到目前 e-CNY 尚处于试点推广阶段，尽管注册钱包数较大，但活跃度和渗透率还不高。很多用户领取红包后使用频率有限，主要因为现有移动支付已非常方便，数字人民币暂未显示出明显差异化优势。因此中国人民银行也在努力拓展更多应用场景，如近期在交通出行领域大力推广，以培养用户习惯。另外，提升用户体验也是试点重点，比如推出更便捷的硬件钱包卡、可穿戴钱包等。总体来说，数字人民币试点进展符合预期，取得了宝贵的数据和经验，为未来可能的全国推广夯实了基础。

---

① 数字人民币渐行渐近[N/OL]. 经济日报.（2022-03-13）. https：//www. xinhuanet. com/politics/2022-03/13/c_1128465510. htm.

② 央行数字货币研究所. 扎实开展数字人民币研发试点工作[EB/OL].（2022-10-12）. http：//www. pbc. gov. cn/redianzhuanti/118742/4657542/4678070/index. html.

③ 中国人民银行和国家外汇管理局. 国新办举行"推动高质量发展"系列主题新闻发布会[EB/OL].（2024-09-05）. http：//www. pbc. gov. cn/goutongjiaoliu/113456/113469/5450350/index. html.

数字人民币的推出被视为中国金融创新的重要里程碑，其潜在影响深远。对国内而言，如果大规模普及，e-CNY 有望与现有电子支付工具共同构成双层支付体系，提高支付系统抗风险能力。对于消费者，数字人民币提供了更多元的支付选择，尤其在隐私保护、无网络支付方面有独特价值。此外，e-CNY 可以作为老年人、农村居民等"数字弱势群体"的友好支付手段，因为中国人民银行发行的信用更有保障。对商业银行等机构来说，发行数字人民币既是挑战也是机遇：一方面可能面临一部分现金和支付业务流失，另一方面也可借此提升自身数字化服务能力，通过运营钱包、管理数据等获得新职能。

　　作为数字货币浪潮的重要参与者，我国在国内积极推进数字人民币发展，在国际上参与标准制定与多边试验，展现出大国担当和前瞻式布局。这场变革仍在进行，技术、经济、法律层面有大量问题需要不断实践和完善。但可以肯定的是，数字化将成为未来货币金融体系的基本特征，谁能在保障安全的前提下率先建成高效、普惠的数字金融网络，谁就将在数字经济时代的国际竞争中赢得优势。把握这一趋势并审慎推进，是建设现代金融体系，服务实体经济和人民生活的关键一步。

多边央行数字货币桥项目——探索跨境数字货币支付的未来

　　跨境支付一直是国际金融中的难点痛点之一。为探索央行数字货币（CBDC）在跨境支付中的应用，2021 年，国际清算银行（香港）创新中心、泰国银行（泰国中央银行）、阿联酋中央银行、中国人民银行数字货币研究所和香港金融管理局联合建设了多边央行数字货币桥（mBridge，以下简称"货币桥"）项目。

　　货币桥项目致力于打造以央行数字货币为核心的高效率、低成本、高可扩展性且符合监管要求的跨境支付解决方案，通过覆盖不同司法辖区和货币，探索分布式账本技术和央行数字货币在跨境支付中的应用，实现更快速、成本更低和更安全的跨境支付和结算。当前国际代理行服务网络日渐收缩，特别是一些新兴经济体的用户无法充分利用全球金融系统网络或无力负担上述网络服务成本。多边央行数字货币桥项目旨在解决跨境支付中长期存在的痛点，通过在同一网络中实现多个央行数字货币的点对点即时兑换，提高国际支付的金融包容性。国际清算银行相关负责人表示，"金融排斥不仅对个人产生了困扰，同样也给各经济体带来了负面影响。多边央行数字货币桥项目在打造更加包容和高效的支付系统平台方面取得了重要成果，不仅有利于不同货币在不同司法辖区间的收付，还有益于全球金融体系的整体运作"。

2022 年，货币桥项目成功完成了基于四种央行数字货币的首次真实交易试点。根据国际清算银行（BIS）等联合发布的报告《货币桥项目：央行数字货币助力经济体融合互通》公布情况，多边央行数字货币桥项目成功完成了基于四种央行数字货币的首次真实交易试点。在六周时间内，来自四个不同司法辖区的 20 家商业银行通过货币桥平台为其客户完成跨境汇款和外币兑换业务共计 164 笔，总额折合人民币超过 1.5 亿元。随后，货币桥项目开始探索进入 MVP 阶段。为实现这一目标，参与方开展了一系列工作，包括各参与方区块链节点本地部署，商业银行开展真实交易试点，货币桥项目指导委员会对 MVP 阶段的平台治理架构、法律框架、业务规则进行规定等。

2024 年 6 月 5 日，货币桥项目宣布进入最小可行化产品（MVP）阶段。上述司法管辖区内的货币桥参与机构可结合实际按照相应程序有序开展真实交易。接下来，将会有更多货币当局、商业银行及企业实体参与到货币桥项目中，共同探索跨境数字货币支付的未来。

　　［资料来源：根据中国人民银行、国际清算银行（BIS）官网等公开资料整理。］

第四节　数字金融监管与治理

　　数字金融的迅猛发展为经济注入新动能的同时，也带来了风险累积和监管挑战。移动支付、网络借贷等创新业务极大提升了金融服务效率，然而，数字金融突破了传统金融业务边界，也引发了诸如资金非法集资、数据滥用、消费者权益受损等一系列问题。如何在促进数字金融创新与确保金融安全稳定之间取得平衡，成为各国面临的共同课题，监管治理成为数字经济时代金融稳定的重要基石。为此，构建与数字金融发展相适应的监管框架和技术手段，成为当前的重要课题。

一、数字金融监管政策目标与框架

（一）政策目标

数字金融监管的首要目标是在鼓励金融创新的同时，守住不发生系统性风险的底线。这一目标主要体现在以下方面。

第一，防范系统性金融风险。数字金融凭借技术优势迅速放大资金流动和杠杆效应，潜在风险传染更快、更广。我国监管部门将维护金融稳定作为首要任务，强调金融业务必须持牌经营。例如，2016 年开始的互联网金融风险专项整治，对 P2P 网贷平台进行全面清理整顿，截至 2020 年底，存量业务基本清零，成功化解了相关系统性风险①。

第二，保护消费者和投资者权益。数字金融服务涉及公众资金和信息安全，监管强调建立完善的金融消费者保护机制。近年来中国人民银行出台多项监管措施，严格第三方支付机构客户备付金管理及信息采集权限，严厉打击非法集资与金融欺诈，保障用户资金和信息安全。

第三，遏制违法金融活动。数字技术在提供便利的同时也被用于非法金融活动，尤其是首次代币发行（ICO）和虚拟货币交易。2017 年以来，中国人民银行等多部委联合发文，全面禁止 ICO 融资及虚拟货币交易，严厉打击跨境资金非法转移等违法行为，筑牢法律红线②。

第四，促进公平竞争与有序创新。监管部门在鼓励创新的基础上，坚持防范资本无序扩张和市场垄断。例如，2020 年对蚂蚁集团等大型平台进行整改，要求申设金融控股公司接受监管，防止监管真空。同时通过监管

---

① 全国实际运营的 P2P 网贷机构完全归零［EB/OL］．（2020-11-28）．http：//www.zqrb.cn/finance/hongguanjingji/2020-11-28/A1606516688917.html.

② 人民银行等七部门关于防范代币发行融资风险的公告［EB/OL］．（2017-09-04）．https：//www.gov.cn/xinwen/2017-09/04/content_5222657.htm.

沙盒机制，让中小机构在受控条件下测试新金融产品，实现创新与风险防控的平衡。

总体来看，我国数字金融监管以"促发展、防风险"为双重目标，坚持创新与审慎监管并行，确保数字金融健康发展。

（二）监管框架

为实现上述目标，我国逐步建立起特色鲜明的数字金融监管框架，其主要内容包括监管体制架构、法律法规体系、监管工具及方法、多层次治理体系。

第一，监管体制架构。近年来，我国金融监管体制不断完善，形成了中国人民银行统筹宏观审慎、国家金融监督管理总局统一监管银行保险机构、中国证监会独立监管证券期货业务的格局①。同时，中国人民银行通过金融稳定局、金融科技委员会等专门机构，指导数字金融风险监测与制度制定。国务院金融稳定发展委员会在近年发挥了重要协调作用，实现各监管部门信息共享与协作，杜绝监管套利和真空。

第二，法律法规体系。我国逐步完善数字金融相关法律法规，明确数字金融监管边界和执法依据。《中华人民共和国网络安全法》《中华人民共和国数据安全法》《中华人民共和国个人信息保护法》等法律确立了数据安全与隐私保护基本准则。在金融监管方面，《防范和处置非法集资条例》《商业银行互联网贷款管理暂行办法》等对网络借贷、互联网贷款、第三方支付设定了严格业务标准和法律边界，有效规范金融创新行为。

第三，监管工具与方法。传统监管手段难以应对海量实时数据的挑战，监管部门开始运用监管科技工具提高监管效率。2019 年底，北京率先启动金融科技创新监管工具，即监管沙盒试点。监管沙盒允许持牌金融机构和科技企业在监管监督下测试创新金融产品，有效平衡创新与风险控制。目前，监管沙盒模式已推广至上海、粤港澳大湾区等地，成为监管治理的重要工具。

第四，多层次治理体系。数字金融治理不仅依赖监管部门单方面行动，更需多部门协同和社会共治。中国人民银行、国家金融监督管理总局、中国证监会与网信、公安等部门建立联合监管机制，强化跨行业风险监测与治理。

---

① 王俊岭. 从"一行两会"到"一行一局一会"——中国金融监管迎来新变化［N］. 人民日报（海外版），2023-03-21（11）.

行业自律组织如中国互联网金融协会等制定行业标准，社会公众与媒体加强监督，推动形成政府监管、行业自律、社会监督相结合的治理体系。

二、监管科技的内涵与实践路径

（一）监管科技的内涵

监管科技是指监管机构与金融机构运用新兴技术提高金融监管效率与合规水平的实践。其核心在于利用大数据、人工智能、区块链等技术，对金融市场与机构风险实现实时数据监测与智能风控。监管科技涵盖两层含义：一是监管机构采用科技手段提升监管效率，二是金融机构借助技术降低合规成本。监管科技实现了从传统的事后审查到主动实时监管的转型，提高了监管的及时性和精准性。

监管科技具体体现为实时数据监测、智能风控预警、合规自动化以及监管规则编程化。监管部门利用大数据平台实时获取机构交易与风险数据，通过人工智能算法快速识别异常交易和风险模式；同时，金融机构广泛采用自动化合规检查工具，以规则引擎、智能合约的方式执行监管要求，提高了合规效率。

（二）监管科技的实践路径

监管科技的实践路径包括监管机构数字化转型、金融机构合规科技创新、监管与市场协同合作、国际经验借鉴与本土化实践等方面。

第一，监管机构数字化转型。中国人民银行、国家金融监督管理总局等相继成立专门的金融科技部门，建设大数据监管平台，通过统一的数据仓库实现跨行业风险监测与分析，建立非现场监测模型，提高风险预警能力。

第二，金融机构合规科技创新。金融机构为满足监管要求，积极采用自动化监管报送系统和智能风控工具，如客户身份识别（KYC）电子认证、反洗钱交易自动监测系统等。这些工具显著提高了金融机构的合规效率，降低了运营成本。

第三，监管与市场协同合作。监管部门通过监管沙盒、监管科技创新实验室等方式，与科技企业、金融机构合作，共同解决监管科技实施中的技术难题，推动数据共享和接口标准化，加速了监管科技的落地应用。

第四，国际经验借鉴与本土化实践。监管科技的发展离不开国际经验的借鉴。英国、新加坡等国家在监管沙盒、监管科技战略方面的成功经验值得参考。我国积极参与国际监管科技交流，在跨境数据传输、监管合作方面加强国际对话与协调，同时根据自身国情进行本土化调整，逐步建立起既有国际视野又符合我国实际的监管科技体系。

监管科技并非万能解决方案，其推进也面临数据安全、算法伦理、中小机构技术实力不足等挑战。因此，监管科技的实施必须要技术与制度并重，在培养监管科技人才的同时，完善数据报送和模型验证的法律标准，以实现技术应用与伦理合规的有效结合。监管科技为数字金融治理提供了全新的路径选择。借助科技的力量，监管者能够更及时地发现风险、干预风险，金融机构也能更高效地实现合规运营。随着技术的进步和经验的积累，监管科技将在我国数字金融治理中扮演越发重要的角色，成为护航数字金融行稳致远的关键支撑。

第六章　数字生态

在数字技术的推动下，数字生态正深刻改变着经济运行的模式，重塑社会的生产与生活。它打破了传统行业的边界，让各类经济主体在全新的数字环境中碰撞、协同，催生出无数的新业态与新机遇。理解数字生态，是掌握数字经济学的关键一环。数字生态是一个多主体协作、多技术融合的复杂系统，涉及平台设计、资源共享、价值共创与可持续发展等核心议题。本章将围绕数字生态这一数字经济时代的重要概念展开，探讨数字技术和多方协同作用下的新型生态系统的内涵与构成要素、协同机制与生态建设。本章旨在为读者提供系统性的理论框架与实践指导，强化对数字生态理论的认知与实践洞察，帮助理解数字生态的构建、运作与优化。

第一节　数字生态的内涵与构成要素

一、数字生态的内涵

早在 20 世纪初，数字生态系统的雏形就已出现。20 世纪五六十年代，电子计算机的普及和网络技术的初步发展为数字生态系统的形成提供了硬件基础。例如，美国于 1969 年建立的阿帕网（ARPANET）是互联网的前身，其通过分组交换技术实现了多台计算机之间的互联，初步展现了网络化协作的特征。这一阶段的技术应用主要集中在数据处理与存储，尚未形成完整的生态系统，但已具备零散、单一的生态特征。更成熟的数字生态系统的概念于 21 世纪初出现，其灵感既源于自然生态系统，也得益于互联网连接呈指数级增长的趋势。这些数字生态系统是由相互连接的数字工具、平台和服务所构成的复杂网络，它们协同运作，营造出一个具有凝聚力且能自我适应的环境。

学者们从不同角度阐释了数字生态的概念。Razavi 等（2009）强调生态环境的资源供给，认为数字生态系统是一个自组织的数字基础设施，旨在为网络化组织提供数字资源和环境，支持知识共享和适应性技术发展的商业模式。Li 等（2012）则更加突出生态主体的作用，提出数字生态系统是一个由异构性数字主体及其相互关系组成的自组织、可扩展和可持续的系统，通过互动实现信息共享，促进合作与创新，从而提升整体效能。Jacobides（2019）提出，生态系统的形成源于企业为满足用户对产品功能多样性的需求而提供整体解决方案，这需要企业间达成互补性协同合作，数字化为这种互补链接提供了可能。值得注意的是，Jacobides 将"互补性"视为理解生态系统的核心，着重分析了"独特互补性"和"超模互补性"两类互补关系，强调其分别凸显了系统内部的协同效应和网络效应，并进一步指出"模块化"的技术设计加之标准化的系统协议为实现互补性需求提供了可能。总的来看，国外学者对生态系统的研究大多将生态学概念转化运用于企业运营和业务模式的分析。

北京大学大数据分析与应用技术国家工程实验室等发布的《数字生态指数 2024》指出，数字生态是与自然生态、社会生态相互作用又相对独立的生态系统，是数字主体互连互动形成的多层次、多结构、多形态且彼此依存、合作和冲突的动态系统；其中，数据是数字生态的生产要素，政府、企业和社会是数字生态的行动主体，数字化转型是数字生态的发展过程。郑庆华（2023）提出，数字生态是政府、企业和个人通过人工智能、大数据、物联网等技术实现连接、沟通、互动与交易，形成以数据流动循环为主轴，人、机、物相互作用的经济社会生态系统。夏小雅等（2024）提出，数字生态是一个由数字技术、平台、应用和数据构成的综合体系，它通过网络连接不同的参与者，促进信息的流通与共享，提高整个系统的效率和生产力。

基于对现有研究的归纳总结，借鉴生态系统理论，本书将数字生态定义为：以数据驱动为内在运行机制，以数字平台为重要运营载体，广泛连接政府、企业、个人等多元主体的开放性经济社会生态系统。数字时代背景下，政府、企业、社会组织及个人等社会经济主体通过数字化、网络化、智能化技术进行连接、互动与交易，形成了以数字技术为支撑、以数据流动为核心、多要素协同作用的动态社会经济系统。打造理想的数字生态，是推动数字经济与实体经济深度融合的必由之路。数字生态的构成要素包括基础设施、技术创新、数据资源和数据规制等。^① 从普遍意义上看，数字生态的行动主体包含政府、企业、社会成员。数字生态的相互作用包含互联互动、彼此依存、合作冲突等多种互动形式。数字生态系统的发展历程是一部数字技术与其他新技术相融合的历史。人工智能和大数据分析平台等新技术的出现为拓展和优化数字生态系统开辟了广阔的空间。

数字生态定义视角下的阿里云

阿里云契合以数据驱动为内在运行机制，以数字平台为重要运营载体，广泛连接多元主体的数字生态定义。其以数据为核心，通过技术手段收集、分析和应用数据，为生态内企业提供决策依据。阿里云作为数字平台，吸引政府、企业、科研机构和开发者等参与，在不同场景下实现数据交互与价值共创。在政务领域，阿里云助力政府构建智慧城市，通过数据共享和分析提升城市管理效率；在企业服务领域，为中小企业提供云服务，降低数字化门槛，推动企业数字化转型。

（资料来源：根据阿里云官网整理。）

二、数字生态的构成要素

数字生态的构成要素可从技术、制度、主体及资源四个维度展开分析（见图6-1），其核心在于通过多要素协同实现数据价值释放与系统动态平衡。根据文献研究，数字生态的构成要素主要包括以下四个方面：

---

① 邱泽奇. 数字生态与数据要素市场体系顶层设计［EB/OL］（2024-08-13）. https：//www.cssn.cn/skgz/bwyc/202408/t20240813_5771662.shtml.

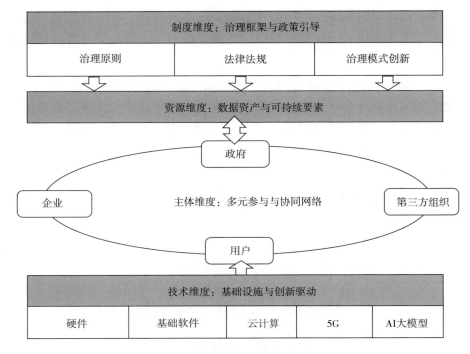

图 6-1 数字生态的构成要素

（一）技术维度：基础设施与创新驱动

技术是数字生态的运转核心，硬件设施与软件框架的组合释放生产力。作为数字生态的底层支撑，基础设施涵盖硬件、基础软件、云计算、5G 网络和 AI 大模型。例如，贵州通过建设算力保障基地强化技术底座，而南京则通过政务云和数据中心构建数字资源底座，实现政务数据共享与城市"数字孪生"。基础设施需具备动态扩展能力，以适应技术迭代与场景扩展需求，如 5G 网络与工业互联网的融合推动产业数字化。技术创新是驱动数字生态演化的核心动力。开源技术、AI 大模型等通过降低技术应用门槛，促进多主体协同。例如，AI 大模型通过开源社区实现代码共享与快速迭代，助力中小企业数字化转型。同时，内生安全理论等原创技术为生态安全提供新范式，强调从设计阶段嵌入安全能力。

（二）制度维度：治理框架与政策引导

制度体系是生态稳定的基石，需协调多方主体关系。我国提出"架构安全、布局灵活、联动有效、绿色持续"四大原则，其中"布局灵活"强调因地制宜的机构设置，"联动有效"要求建立主体间高效协作机制。法律法规明确数据使用边界，如欧盟《通用数据保护条例》（GDPR）对跨境数据传输实施严格管控。政策层面，我国"东数西算"工程通过八大算力枢纽建设优化资源配置，国家发展改革委数据显示，工程启动一年内带动投资超1900亿元。治理模式的创新同样关键，如上海市的城市数字化转型方案中，政府联合企业建立"一网统管"平台，实现交通拥堵预警准确率达95%。

（三）主体维度：多元参与与协同网络

数字生态主体包括企业、用户、政府及第三方组织。企业通过协同网络放大效能，如华为与全球3000家合作伙伴共建鲲鹏计算产业生态，推动国产芯片适配率达90%。用户通过参与塑造生态，如抖音平台用户日均生产短视频超1亿条，中国互联网信息中心（CNNIC）统计显示，用户生成内容（UGC）占平台总流量60%以上。政府角色则体现为战略引导，如深圳市政府主导建立全国首个数据交易所，截至2024年累计交易额突破50亿元。

（四）资源维度：数据资产与可持续要素

数据作为新型生产要素，贯穿生态全生命周期。其流通涉及准入、交易、退出、管理四个环节，需平衡开放与安全。例如，自然资源部联合企业搭建国土空间基础信息平台，整合全国土地利用数据，服务生态保护红线划定，2023年平台累计调用数据超7亿次。在商业领域，阿里巴巴通过数据中台打通淘宝、天猫、菜鸟等多平台数据，实现库存周转率提升30%。资源的可持续开发还需注重伦理，如中国疾病预防控制中心采用隐私计算技术共享医疗数据，推动区域传染病预测准确率提升至89%。贵阳大数据交易所通过公共数据产品交易释放市场活力。数据规制需覆盖全流程，如"架构安全"原则要求数据安全贯穿生命周期，防范系统性风险。

第二节　数字平台与数字生态

一、数字平台的内涵

数字平台是数字生态运行的重要载体，兼具两重属性，作为平台企业在生态系统中担负着数据资源使能者的主体角色，平台的基础设施化又使其成为生态环境的重要组成部分。数字平台本质上是流量入口的数据集合体，通过提供基础设施化的数字产品和服务，将数据和信息知识化后传递给各参与方，各参与方进行数字化活动产生的数据又将进一步反哺平台自身的升级和创新，促进生态系统内的数据价值流动。数字平台还降低了沟通和交易的成本，使政府、企业和个人等多元主体能够方便地进行信息交流、资源共享和业务合作，增强了主体之间的协同效应。模块化是数字平台架构的重要设计方法，通过将平台的功能和服务分解为多个独立又依赖共存的模块，既保证系统整体效能，又增强了灵活性，从而能更快响应外部环境变化。

二、数字平台驱动生态协同机制

数字平台作为生态系统的核心枢纽，通过数据—资源闭环机制、能力—需求匹配机制与规则—激励共生机制的协同作用，重构了传统生产要素的配置逻辑与主体间的协作范式，推动生态从松散连接向深度协同演进。

（一）数据—资源闭环机制：构建动态循环的要素流通网络

数字平台驱动生态协同的核心机制之一，在于通过数据与资源的闭环流动，重构传统生产要素的配置逻辑。在生态系统中，数据不仅是独立的生产要素，更是连接多元主体、整合分散资源的黏合剂。平台通过技术架构的部署，实现对生态内全节点数据的实时采集与结构化处理，进而将原始数据转化为可操作的资源信息流。这一过程打破了传统产业链中信息孤岛与资源错配的桎梏，使供需双方能够基于统一的数据标准实现资源可见性。生产端的设备状态、库存水平与消费端的用户偏好、市场趋势数据被整合分析后，平台可生成资源调度的最优路径。更为关键的是，数据资源的循环并非单向传递，而是通过反馈机制形成动态闭环。资源使用过程中产生的新数据会再次注入平台的数据池，驱动算法模型的迭代优化。这种数据采集、分析决策、资源调配与数据再生的循环机制，本质上构建了一个自适应的资源网络系统，显著提升了生态系统的敏捷性与稳定性。

（二）能力—需求匹配机制：实现精准化与规模化的动态平衡

数字平台驱动生态协同的第二个核心机制，是依托智能化技术对生态主体的能力与需求进行精准匹配。在传统经济模式中，供需匹配往往受限于地理边界、信息不对称与交易成本，导致资源利用效率低下。而平台通过构建数字化的能力图谱与需求画像，将分散的供给能力与碎片化的需求进行多维度关联。这一过程依赖于算法引擎对非结构化数据的语义解析，以及对复杂约束条件的多目标优化。平台通过建立标准化的能力接口与需求描述框架，将异质性极强的本地化资源转化为可全局调度的数字资产，进而实现规模化供给与个性化需求的兼容。中小制造企业的闲置生产线可通过平台接入全球订单池，在保持柔性生产的同时获得规模经济效应。这种匹配机制不仅降低了资源闲置率，更通过长尾需求的聚合释放了潜在市场价值，使得生态系统的范围经济与网络效应得以最大化。

（三）规则—激励共生机制：塑造可持续的协同治理框架

数字平台驱动生态协同的深层机制，在于通过规则设计激励相容的治理框架，确保多元主体的利益诉求与生态整体目标的一致性。在开放生态中，参与者的异质性可能引发"搭便车"、机会主义等行为，威胁系统稳定性。平台通过显性规则与隐性规则的协同设计，构建起自律与他律相结合的治理体系。显性规则通过智能合约等技术手段固化为不可篡改的执行逻辑，如自动触发违约惩罚或权益分配。隐性规则则通过行为数据的持续追踪与建模，形成对参与者行为的动态约束与引导。与此同时，平台通过设计梯度化的激励策略，将生态价值创造与个体收益获取深度绑定。这种规则约束边界、激励引导方向的共生机制，既避免了过度管制对创新活力的抑制，又通过价值共享增强了参与者的归属感与投入意愿，从而在复杂系统中实现了秩序与活力的动态平衡。

三、数字平台驱动数字产业化与产业数字化的协同演进机制

数字平台作为技术聚合体与资源调度中枢，通过双向赋能机制推动数字产业化与产业数字化的深度融合。数字产业化是数字技术从研发到商业化的产业生成过程，其核心在于将底层技术能力转化为可交易的标准化产品或服务，形成独立的市场供给。云计算平台将算力资源转化为按需付费的商品，催生出云存储、云安全等细分产业；人工智能技术的开放接口支撑第三方开发者快速构建应用，加速技术扩散与产业孵化。这一过程不仅

降低了技术应用的边际成本，还通过外溢效应推动硬件制造、基础软件等关联产业发展，形成技术突破与生态扩张的正反馈循环。

产业数字化则是数字技术向传统产业渗透引发的系统性变革。数字平台通过流程嵌入与数据贯通重塑传统产业的生产方式与价值逻辑。生产环节的智能化依托物联网设备与工业软件实现设备预测性维护和工艺优化；供应链协同化通过实时数据共享构建端到端的透明体系；服务模式创新化则以数据驱动个性化服务替代标准化输出。产业数字化的终极目标是将企业决策从经验驱动转向数据驱动，使竞争优势从规模经济转向敏捷创新与范围经济，最终实现"数据定义业务"的深度转型。

数字产业化与产业数字化的协同并非单向传导，而是通过平台形成双向赋能网络。传统产业的数字化转型催生对垂直领域数字技术的定制化需求，倒逼数字产业化向细分场景深耕；数字技术的突破则解锁传统产业此前难以实现的创新应用场景，激发新的数字化投入意愿。平台积累的产业数据成为训练技术模型的基础燃料，推动数字技术持续升级，而技术升级又进一步反哺产业数字化进程。这种共生关系使技术供给能力与场景落地需求动态适配，形成螺旋上升的协同效应。

协同演进过程中仍面临多重挑战。传统企业的组织惯性与技术应用能力不足导致数字化投入产出周期延长；数据产权界定不清与技术标准缺失制约跨产业协作效率；算法偏见与自动化替代可能引发伦理争议与社会结构调整压力。突破瓶颈需构建复合型人才梯队以弥合技术与业务鸿沟，推动跨行业数据流通试点以验证协作模式，建立负责任的治理框架以平衡效率与公平。

从理论视角来看，数字平台驱动的协同演进本质上是通用目的技术扩散理论的当代实践。数字技术通过平台降低渗透成本，引发生产函数的结构性变革；长尾效应与模块化解耦则加速碎片化需求的聚合与复杂系统的重构。随着颠覆性技术的持续突破，数字平台将推动更深层次的产业范式迁移，最终实现数字世界与实体经济的全面交融，重塑人类社会的生产生活方式。

第三节　数字生态建设

　　随着数字技术的迅猛发展，数字生态已成为当今经济社会发展的重要特征。数字生态打破了传统的产业边界和组织界限，将各种数字技术、数据资源、平台和参与者紧密连接在一起，形成了一个相互依存、相互促进的复杂系统。在这个生态系统中，多方参与是其显著特点，也是其活力与创新的源泉。政府、企业、科研机构、社会组织以及消费者等不同主体，在数字生态建设中各自扮演着独特的角色，发挥着重要作用。深入研究多方参与的数字生态建设，对于推动数字经济的发展、提升社会治理水平、促进创新与可持续发展具有重要意义。

一、数字生态建设中的参与主体及角色

　　（一）政府：政策引导与监管保障

　　政府在数字生态建设中起着至关重要的引导和规范作用。在政策制定方面，政府通过出台一系列鼓励数字经济发展的政策，如税收优惠、财政补贴、产业扶持等，引导社会资源向数字生态领域聚集。例如，许多地方政府设立了数字经济产业园区，对入驻园区的企业给予租金减免、研发补贴等优惠政策，吸引了大量数字企业入驻，形成产业集聚效应。在监管方面，政府制定法律法规和行业标准，规范数字生态中各主体的行为，保障数据安全、网络安全和消费者权益。例如，对数据隐私保护、网络交易规范等方面的立法，为数字生态的健康发展营造了良好的法治环境。同时，政府还通过自身数字化转型，提升公共服务水平，推动数字技术在政务领域的应用，如建设电子政务平台，实现政务服务的数字化、便捷化，为数字生态建设提供示范和支持。

　　（二）企业：创新驱动与价值创造

　　企业是数字生态建设的核心力量，承担着创新驱动和价值创造的重任。大型科技企业凭借强大的技术研发实力和丰富的资源，在数字生态中占据

主导地位，引领技术发展方向。例如，苹果、谷歌等企业通过持续投入研发，在智能手机操作系统、人工智能技术等方面取得领先成果，并围绕其核心技术构建起庞大的数字生态体系，吸引了大量开发者、供应商等参与其中。中小企业则以其灵活性和创新性，在细分市场中发挥独特作用，为数字生态注入活力。它们能够快速响应市场变化，开发出具有特色的产品和服务，填补市场空白。企业通过市场竞争和合作，不断优化产品和服务，提高生产效率，创造经济价值，同时也为消费者提供了丰富多样的选择，推动数字生态的繁荣发展。

（三）科研机构：技术支撑与人才培养

科研机构是数字生态建设的技术源泉和人才培养基地。在技术研发方面，科研机构专注于基础研究和前沿技术探索，为数字生态的长期发展提供技术储备。例如，高校和科研院所对量子计算、5G 通信技术等的研究，为未来数字生态的发展奠定了基础。通过产学研合作，科研机构将科研成果转化为实际生产力，加速技术在数字生态中的应用。在人才培养方面，科研机构通过开设相关专业课程、培养研究生等方式，为数字生态输送高素质专业人才。这些人才不仅具备扎实的专业知识，还具有创新思维和实践能力，能够满足数字生态建设对各类人才的需求，为数字生态的持续发展提供智力支持。

（四）社会组织：桥梁纽带与公益促进

社会组织在数字生态建设中扮演着桥梁纽带和公益促进的角色。行业协会、商会等社会组织能够促进企业之间的交流与合作，加强行业自律，规范市场秩序。它们通过组织行业会议、研讨会等活动，为企业提供信息交流平台，推动企业之间的技术合作和资源共享。例如，一些互联网行业协会定期举办技术论坛，邀请企业和专家共同探讨行业发展趋势和技术难题，促进了行业整体技术水平的提升。公益组织则关注数字生态中的社会公平和可持续发展问题，通过开展公益项目，推动数字技术在教育、医疗、环保等领域的应用，缩小"数字鸿沟"，促进社会公益事业的发展。例如，一些公益组织开展"数字乡村"项目，帮助农村地区提升数字基础设施建设水平，提高农民数字素养，促进农村数字经济的发展。

（五）消费者：需求牵引与反馈推动

消费者是数字生态建设的重要参与者，其需求和反馈对数字生态的发展起着关键的牵引和推动作用。消费者的需求是数字生态创新的动力源泉，企业为了满足消费者不断变化的需求，持续进行产品和服务创新。例如，随着消费者对个性化、便捷化服务需求的增长，企业纷纷推出个性化推荐系统、在线客服等服务模式。消费者的反馈则为企业改进产品和服务提供了重要依据，促使企业不断优化产品性能、提升服务质量。同时，消费者的选择也影响着数字生态中各类产品和服务的市场份额和发展方向，推动数字生态朝着更加符合消费者需求的方向发展。

二、数字生态建设面临的挑战

政府、企业、科研机构、社会组织和消费者等不同主体在数字生态建设中各自发挥着不可替代的作用。当前，多方参与数字生态建设面临着利益协调困难、信息共享与数据安全问题以及数字素养差异较大等挑战。

第一，主体间利益协调困难。不同主体在数字生态建设中的目标和利益诉求存在差异。企业追求经济效益最大化，可能更注重短期商业利益，政府则更关注数字生态的整体发展和社会公共利益，科研机构侧重于技术研发和学术成果。这种利益差异可能导致在资源分配、项目合作等方面出现矛盾和冲突。例如，在一些数字基础设施建设项目中，企业可能因投资回报周期长、风险大而缺乏积极性，而政府希望通过基础设施建设提升数字生态的整体竞争力，促进区域协调发展，双方在投资策略和利益分配上难以达成一致，影响项目的推进。

第二，信息共享与数据安全问题。数字生态建设高度依赖信息共享和数据流通。然而，目前各主体之间存在信息孤岛现象，数据难以实现有效共享。一方面，企业出于商业机密保护和竞争优势考虑，往往不愿意将自身数据与其他主体共享；另一方面，不同主体的数据标准、格式不一致，数据整合难度大。同时，随着数据价值的凸显，数据安全问题日益严峻。数据泄露、篡改等安全事件时有发生，给企业和消费者带来巨大损失。例如，一些电商平台因数据安全漏洞导致消费者个人信息泄露，引发消费者信任危机，也对数字生态的健康发展产生负面影响。如何在保障数据安全的前提下，促进信息共享和数据流通，是多方参与数字生态建设面临的重要挑战。

第三，数字素养差异较大。不同主体的数字素养水平参差不齐，制约了数字生态建设的协同推进。政府部门部分工作人员对数字技术的理解和应用能力不足，可能影响数字政策的制定和执行效果。企业中一些传统行业企业数字化转型困难，缺乏数字化运营和管理能力，难以融入数字生态。科研机构虽然在技术研发方面具有优势，但在成果转化和市场应用方面可能因数字素养不足而面临挑战。消费者中部分群体，尤其是老年群体和偏远地区居民，数字素养较低，对数字产品和服务的接受度和使用能力有限，影响数字生态的普及和推广。提升各主体的数字素养，缩小数字素养差距，是实现多方有效参与数字生态建设的关键。

三、数字生态建设策略

尽管当前多方参与数字生态建设面临利益协调困难、信息共享与数据安全问题以及数字素养差异较大等挑战，但通过建立健全利益协调机制、加强信息共享与数据安全保障以及提升各主体数字素养等策略，可以有效促进各方协同合作，推动数字生态建设持续、健康、稳定发展。

首先，建立健全利益协调机制。政府应发挥主导作用，搭建多方对话平台，促进不同主体之间的沟通与交流。通过制定合理的政策和规则，平衡各方利益关系。例如，在重大数字生态项目中，政府可以引入政府和社会资本合作（PPP）模式，明确政府、企业、社会资本等各方的权利和义务，合理分配项目收益。同时，建立利益补偿机制，对于在数字生态建设中做出贡献但短期利益受损的主体给予适当补偿。例如，对参与农村数字基础设施建设的企业，政府可以通过财政补贴、税收减免等方式，弥补其因投资回报率低而遭受的损失，提高企业参与的积极性。此外，鼓励企业之间通过战略联盟、合作协议等方式，实现资源共享、优势互补，共同开拓市场，在合作中实现利益共赢。

其次，加强信息共享与数据安全保障。政府应制定统一的数据标准和规范，推动各主体数据的标准化建设，降低数据整合难度。建立健全数据共享机制，明确数据共享的范围、方式和流程，鼓励企业、科研机构等主体在合法合规的前提下共享数据。例如，政府可以建设公共数据开放平台，将部分政务数据向社会开放，供企业和科研机构开发利用，同时引导企业建立行业数据共享联盟，促进企业间的数据流通。在数据安全保障方面，加强数据安全法律法规建设，加大对数据安全违法行为的惩处力度。企业和科研机构等主体要加强自身数据安全防护体系建设，采用先进的数据加密、访问控制等技术手段，保障数据安全。同时，建立数据安全应急响应机制，及时处理数据安全突发事件，降低数据安全风险。

最后，提升各主体数字素养。政府应加大数字素养教育投入，制定数字素养提升计划，针对不同主体开展有针对性的培训和教育活动。对于政府工作人员，开展数字技术应用、数字政策制定等方面的培训，提高其数字化管理和服务能力。对于企业，提供数字化转型咨询、培训服务，帮助其提升数字化运营和管理水平。例如，组织专家团队为传统企业开展数字化转型专题讲座和现场指导，助力企业制定数字化转型方案。对于科研机构，加强产学研合作培训，提升科研人员的成果转化和市场应用能力。对于消费者，通过社区宣传、线上课程等方式，普及数字知识和技能，提高消费者的数字素养。如开展"数字素养进社区"活动，为老年人提供数字产品使用培训，帮助他们更好地融入数字生活。

第四节 数字生态可持续发展

在数字技术的驱动下，数字生态已成为经济和社会发展的关键力量。数字生态可持续发展，意味着在促进数字经济增长的同时，维护数字生态的平衡与稳定，保护数字空间的生态环境，实现数字技术与经济、社会和环境的协调共进。数字生态的可持续发展，为经济的持续增长提供了源源不断的动力。借助数字技术，企业能够降低运营成本，提升生产效率。例如，工业互联网通过数字化管理与智能化生产，实现生产环节的无缝对接，减少资源浪费，提高产品质量。同时，数字生态创造了新的经济增长点，如共享经济、零工经济等新兴商业模式，不仅拓展了就业渠道，还刺激了消费，带动经济增长。此外，数字生态的发展还可以推动公共服务的数字化转型，让社会更加公平、包容。在教育领域，在线教育平台打破时空限制，让优质教育资源触达偏远地区。在医疗领域，远程医疗为患者提供便捷的医疗服务，缓解医疗资源分布不均的问题。数字技术在社会治理中的应用，提升了治理效率，增强了社会的稳定性。最后，数字生态打破了地域限制，促进了全球范围内的资源共享与合作。跨国公司通过数字平台整合全球资源，优化供应链，提升全球竞争力。数字技术的广泛应用，为解决全球性问题，如气候变化、公共卫生等，提供了新的思路和方法，推动全球协同发展。

一、数字生态可持续发展面临的挑战

数字生态可持续发展是数字经济时代的必然要求。当前，数字生态可持续发展面临诸多挑战。首先，数据安全与隐私保护问题。随着数字生态的发展，数据泄露、滥用等安全问题日益严重。企业和个人的数据安全面临威胁，这不仅损害了用户的权益，还影响了数字生态的信任环境，阻碍数字生态的可持续发展。其次，数字鸿沟扩大。不同地区、群体之间的数字素养和数字基础设施建设存在差异，导致数字鸿沟不断扩大。这加剧了社会的不平等，限制了数字生态的普惠性发展。最后，数字技术引发的伦理问题。人工智能、大数据等数字技术的应用，带来了算法偏见、虚假信息传播等伦理问题，对社会的公平性和稳定性构成挑战。

二、数字生态可持续发展策略

尽管面临诸多挑战，但通过加强数据安全与隐私保护、缩小"数字鸿沟"、规范数字技术应用等策略，可以有效推动数字生态的可持续发展，实现数字技术与经济、社会和环境的协调共进，为人类社会的发展创造更大的价值。首先，加强数据安全与隐私保护。政府应完善数据安全与隐私保护的法律法规，加大对数据安全违法行为的惩处力度。企业要建立健全数据安全管理体系，采用加密、访问控制等技术手段，保障数据安全。同时，加强对用户的安全教育，增强用户的数据安全意识。其次，缩小"数字鸿沟"。政府要加大对数字基础设施建设的投入，尤其是偏远地区和弱势群体的数字基础设施建设，推动数字技术的普及。此外，开展数字素养培训，提升全民数字素养，确保不同群体都能从数字生态的发展中受益。最后，规范数字技术应用。建立数字技术伦理准则，引导企业在技术研发和应用过程中遵循伦理规范。加强对数字技术的监管，防止算法偏见、虚假信息传播等问题的发生，营造健康、有序的数字生态环境。

第七章　数字治理

随着数字技术的广泛应用与深入发展，治理模式正经历深刻变革。本章聚焦于数字治理这一新时代的重要议题，从多层次、多维度解析其内涵、目标及发展路径。首先，本章明确数字治理的核心内涵与目标，并分析国际数字治理的整体格局，包括主要国家与国际组织在数据隐私、安全标准和技术合作等领域的博弈与合作。其次，本章分别从国家、企业和公众参与层面对数字治理进行详细阐述。最后，总结数字治理的挑战，对未来可能的发展趋势进行展望。本章旨在为读者提供数字治理的系统性认知，加深对数字治理的理论与实践基础的理解，帮助其理解数字技术如何赋能治理体系，同时探索其中的挑战与未来趋势。

第一节　数字治理的起源与内涵

1995 年全球治理委员会发布的《我们的全球伙伴关系》明确指出，治理是各种公共的或私人的个人和机构管理其共同事务的诸多方式的总和，是调和利益冲突、推动联合行动的持续过程。其构成要素既包含具有强制约束力的正式制度与规则，也包括被广泛认可、契合各方利益的非正式制度安排。这种治理模式的显著特点在于主体多元、权力双向互动（兼顾自上而下的管理与自下而上的反馈），以及目标的协同性，旨在调和不同利益，实现公共利益。步入数字经济时代，数字治理的内涵更为丰富且具有时代特性。一方面，它聚焦于数字化赋能治理，借助大数据、人工智能等前沿技术重塑治理流程。例如，在智慧城市建设中，利用智能技术优化交通调度、公共服务供给，提升城市运行效率。另一方面，数字治理着重于规范数字化发展带来的潜在风险，致力于解决数据安全漏洞、算法歧视等问题，确保数字技术健康有序发展，让技术更好地服务于社会治理与公众利益。

一、数字治理的起源

数字治理概念的提出与数字技术的广泛应用及全球化进程密切相关。Castells（1996）阐述了网络社会的崛起对社会发展提供的机遇与挑战。信息技术驱动下的治理范式呈现出显著的新特性：一是信息已跃升为推动社会进步的核心资源与关键动能；二是新技术的影响力广泛渗透于社会各个层面；三是网络化逻辑衍生出一系列值得深入探讨的问题；四是网络化趋势重塑了社会互动与资源流动的模式；五是特定技术逐渐融合形成高度集成的系统架构（杨雁斌，2001）。

尽管数字治理理论诞生较晚，但其发展有着坚实的理论根基。20 世纪 90 年代末，为修正新公共管理运动的不足，英国学者 Perri 率先提出整体性治理理论（曾凡军、韦彬，2010）。Perri 等（2002）明确界定，整体性治理旨在促进政府各机构间的深度沟通与协作，通过有效的整合协调，确保政策目标连贯一致，执行手段相互配合，从而实现无缝衔接的治理效果。这一理论为数字治理理论的发展提供了重要支撑，助力其探索多元主体协同、技术深度融合的治理路径。

数字治理理论的重要代表人物英国学者 Dunleavy（2006）立足新公共管理运动式微、数字时代治理崛起的时代背景，深入阐释了数字治理理论。数字治理理论聚焦于各类变化的复杂性，其中信息技术与信息处理处于核心地位，这些变化相比以往，影响范围更广、作用层面更深（竺乾威，2008）。Dunleavy 的理论以 Perri 的整体性治理理论为基础，但又有所突破。其倡导在公共部门管理系统中引入信息技术与信息系统，推动公共管理学科对公共政策的认知从边缘走向中心，这也是数字治理理论区别于整体性治理理论的关键所在。Patrick Dunleavy（2006）指出，数字化变革涵盖电子服务交付、基于网络的效用处理、国家主导的集中信息技术采购等要素，这些要素共同勾勒出数字化转型的框架。在后续研究中，Dunleavy（2010）紧跟技术发展趋势，主张积极应用大数据、云计算等前沿数据处理技术，以此强化数字时代协同公共服务的发展。其希望通过不断引入新技术，充实公共部门公共管理系统的"工具库"，让公共管理在数字时代更具效能。

二、数字治理的内涵

清华大学孟天广（2022）借鉴托马斯·库恩的"范式革命"理论，认为数字治理是数字时代特有的全新治理模式，其特征包括数据互通与协同以及决策机制转型。北京师范大学的李韬和冯贺霞（2022）提出，数字治理是以政府发挥主导作用，同时聚合企业、社会组织、公民等多方力量共同参与的治理实践，其范畴广泛覆盖数字经济、数字社会与数字政府等领域，始终围绕增进公共利益这一核心目标展开。李韬（2023）进一步指出，数字治理概念内涵丰富，囊括数字政府治理、数字经济治理、数字社会治理、数字技术治理、数据治理等多个维度。一方面体现为"基于数字化的治理"，也就是借助数字化的工具、手段和举措为现有治理体系注入新动能，实现治理效能的提升；另一方面表现为"对数字化的治理"，即针对数字领域出现的各类复杂矛盾与问题进行创新治理。

北京师范大学互联网发展研究院发布的《数字治理发展研究报告（2021）》中，将"数字治理"定义为：在数字技术条件下，以政府为主导，平台与企业、社会组织、网络社群、公民个人等多元主体协同参与相关事务的制度安排和持续过程，是包括宏观、中观、微观各个层面治理的系统性议题，应坚持以人为本、公平正义、透明开放、共享共治、简单易行等五项基本治理原则。韩兆柱和马文娟（2016）指出，广义的数字治理是一种与政治权力和社会权力的组织与利用方式相关联的社会—政治组织及其活动的形式。这一概念涵盖经济与社会资源的综合管理，包含影响政府、立法机构及公共管理流程的系列活动。狭义的数字治理则是指在政府与市民社会、政府与以企业为代表的经济社会的互动和政府内部的运行中运用信息技术，简化政府行政、公共事务的处理程序，并提高民主化程度的治理模式（徐晓林、周立新，2004；徐晓林、刘勇，2006）。

　　基于此，本书界定数字治理是通过数字技术赋能治理体系，实现数据驱动的协同决策，同时规范数字技术风险的新型治理模式。其内涵包括技术工具、治理对象和主体关系的三重变革。数字治理作为创新型治理范式，深度融合现代数字化技术与治理理论，推动政府权力格局从机构主导转向以企业和市民为核心，强化了政府、企业与市民间的互动交流，契合服务型与善治型政府的建设理念。这种治理模式以信息技术为依托，聚合政府、公民等多元主体，构建起开放包容、协同共治的社会治理体系。其意义远超行政系统的自我完善，更引发行政与政治体制的全方位革新，不仅关注行政效率的提升，还着重追求政治价值的实现。通过技术赋能与赋权的双轮驱动，数字治理同步提升政府治理效能与社会协同水平，不仅推动数字技术深度融入政府科层体系，实现治理结构优化、业务流程重构和服务模式创新，还重塑了政府与社会、政府与市场间的关系。此外，学界研究显示，数字政府与数字治理相关概念的内容范畴具有重合部分，近年来两者边界越发模糊，概念趋同性越发显著。

第二节　全球数字治理格局

　　从日常的移动支付、在线购物，到远程办公、智能交通，数字技术正重塑着全球经济、社会和政治格局。随着数字经济规模的持续扩张，数据已然成为一种关键的生产要素，其重要性堪比传统的劳动力、资本和土地。在这样的背景下，数字治理作为规范和引导数字空间发展的重要手段，成为国际社会广泛关注的焦点。一方面，数字经济的蓬勃发展对高效、合理的数字治理体系提出了迫切需求；另一方面，各国在数字治理理念、模式和规则制定权上的博弈，以及数字技术发展带来的新挑战，使得构建一个公平、公正、包容、有序的全球数字治理体系任重而道远。

一、数据隐私

　　数据隐私保护是全球数字治理的焦点内容，中国、欧盟、美国三方在这一领域各有举措，博弈不断，尤其是在数据跨境流动方面。

（一）美国：分散立法、依赖行业自律

美国在数据隐私保护政策上呈现出独特的风格与特点。在立法模式上，缺乏统一的联邦层面法律，呈现分散块状模式，且主要是针对健康、金融等具体场景进行各自为政的数据保护立法。以加利福尼亚州的《加州消费者隐私法案》（CCPA）为例，该法案赋予消费者多项关键权利，如消费者有权了解企业收集自己哪些个人信息，也有权要求企业删除相关信息，还能知晓企业是否将其信息出售给第三方。一旦企业违规，将面临高额罚款。在医疗信息方面，美国通过《健康保险流通与责任法案》（HIPAA），严格规范医疗保健信息的隐私与安全，涉及医疗数据的存储、传输等各个环节。

在保护理念上，美国将个人数据保护纳入信息性隐私权的内涵之中。美国宪法虽未直接规定个人隐私权，但最高法院通过一系列判例，在宪法修正案中确立了"宪法隐私权"，信息性隐私权便是其中细分的概念，其范围涵盖大部分与个人相关的数据。例如，在判断某项数据是否是受宪法保护的信息隐私时，"隐私的合理期待"理论至关重要，若个人对数据具备合理的隐私期待，则该数据受保护；反之，如个人丢弃在屋外可能被他人接触的垃圾所涉及的数据，或个人自愿暴露给第三方的信息，便不具备这种合理期待，难以获得相应保护。

从监管方式看，行业自律成为优位选择。以加利福尼亚州的《加州消费者隐私法案》（CCPA）为例，其赋予消费者多项权利，如了解企业收集的个人信息、要求企业删除信息以及知晓信息是否被出售给第三方等，同时规定企业违规将面临高额罚款，以此推动企业自律。此外，美国在线隐私联盟向全社会公开指导隐私保护及界定个人隐私界限，两大隐私认证企业构建的隐私保护框架，也是以行业自律为主导，要求企业主动申请，制定符合联邦贸易委员会隐私保护原则的内部组织框架与政策，获得认证的企业可在网站展示标识以获取消费者信任。美国的数据隐私保护政策，既有分散立法、依赖行业自律的特点，又通过司法判例不断丰富信息性隐私权内涵，来应对数据隐私保护的挑战。

（二）欧盟：全面而严格的立法

欧洲以欧盟的《通用数据保护条例》（GDPR）构建起极为严格的数据

隐私保护体系。该条例适用范围广泛，只要涉及收集、存储或处理欧盟居民个人数据的组织，无论位于何处，均受其约束。

第一，立法严格且全面。欧盟对数据处理、存储和管理规则作出极为细致的规定，适用范围广泛，涵盖所有涉及收集、存储或处理欧盟居民个人数据的组织，无论其身处何地。从数据收集环节开始，便设定了严格的同意标准，企业收集前必须通知数据所有者并取得明确授权，还需告知控制者身份、处理目标、法律依据等具体信息，以充分保障数据所有者的知情权。

第二，注重数据主体权利。欧盟赋予数据主体多项权利，如访问权、更正权和携带权，构建起了数据主体对自身数据的有力控制权。

第三，涵盖全面的原则体系。欧盟确立了多项关键原则，包括合法、公正和透明原则，要求企业在数据处理过程中遵循法律法规，公平对待数据主体，且数据处理过程透明可查；目的限制原则，企业使用数据的目的必须特定、明确且合法；数据最小化原则，仅收集实现目的所必需的数据；准确性原则，确保数据准确无误；存储限制原则，明确数据存储期限；完整性和保密性原则，保障数据完整不被篡改且处于保密状态；责任制原则，数据管理方需对数据处理的安全性、可用性、保密性和完整性负责。

第四，引入严格的通知与评估机制。欧盟规定，企业一旦遭遇个人数据安全、高危信息安全泄露，必须在发现泄露后 72 小时内通知数据保护机构。若数据处理对数据权利和自由带来高风险，还需对涉及对象进行数据影响评估，并详细说明应对风险和确保合规的安全防护措施。

第五，处罚力度极大。对于轻微违规行为，企业可被处以全球收入的 2% 或 1000 万欧元（以较高者为准）的罚款；对于严重违规行为，最高可处以全球收入的 4% 或 2000 万欧元（以较高者为准）的罚款。并且由于任何人都可提交投诉，企业违规被发现的概率大大增加。

第六，跨境规则严格。考虑到个人信息被转移至欧盟境外可能面临的风险，欧盟对个人信息跨境转移施加诸多限制。通常，只有信息接收者所在国家或组织符合欧盟认定的"充足保护"标准，或信息控制者、处理者提供适当安全保障措施，以及在某些特殊情形下，个人信息才允许转移至欧盟境外。

（三）中国：立法框架逐步完善、注重安全评估与监管

中国也在积极完善数据隐私保护相关政策法规，旨在全方位保障公民数据隐私安全，促进数字经济健康有序发展。

第一，立法框架逐步完善。以《中华人民共和国民法典》为基石，我国在第四编人格权中对隐私权和个人信息保护作出专门规定。其中明确了隐私的定义，即自然人的私人生活安宁和不愿为他人知晓的私密空间、私密活动、私密信息。这一定义清晰界定了隐私范畴，为后续立法与执法提供基础依据。在此基础上，2021年正式实施的《中华人民共和国个人信息保护法》进一步细化规则，从个人信息的收集、存储、使用、加工、传输、提供、公开和删除等各个环节，构建起严密规范体系。

第二，强调原则性要求，知情同意与最小必要原则贯穿始终。《中华人民共和国个人信息保护法》明确规定，处理个人信息需遵循合法、正当、必要和诚信原则，明示处理的目的、方式、范围等关键信息。这一要求确保了用户能够充分了解自身信息将被如何使用，保障了用户的知情权。例如，一款视频App在收集用户的位置信息时，必须明确告知用户收集该信息是为了提供基于地理位置的个性化推荐服务，如推荐附近热门的线下观影活动等，而不能含糊其辞。

第三，注重安全评估与监管。针对数据跨境流动这一关键环节，《中华人民共和国个人信息保护法》规定，向境外提供个人信息需通过严格的安全评估。我国已建立起数据出境安全审查制度，要求企业确保数据接收方具备相应的数据保护能力和水平，以此维护国家主权、安全和发展利益，保障公民个人信息安全。同时，强化监管力度，多部门协同合作，如网信、公安、市场监管等部门依据职责对企业数据处理活动进行监督检查，对违规行为依法严惩。

第四，积极参与国际合作。中国在隐私保护领域并非孤立发展，而是积极投身国际交流与合作。1998年与欧洲签订《中欧科技合作协定》，开启双方数据合作篇章，到2021年中欧就《全球数据安全倡议》展开深入探讨，在数据安全方面积极寻求共识。例如，在海洋数据领域，国家海洋信息中心与欧洲海洋观测与数据网联合开展项目，搭建起中欧海洋数据网络伙伴关系，实现数据与技术共享，为全球数据隐私保护合作提供了有益范例。

表 7-1 为中国、美国、欧盟数字治理的比较。

表 7-1　中国、美国、欧盟数字治理的比较

国家/地区	特征	主要政策法规
美国	立法层面：分散立法，缺乏统一的联邦层面法律 个人隐私保护：将个人数据保护纳入信息性隐私权内涵 监管方式：以行业自律为主，企业构建隐私保护框架	《加州消费者隐私法案》（CCPA） 《健康保险流通与责任法案》（HIPAA） 《网络安全法案》 《CLOUD 法案》
欧盟	立法层面：全面而严格立法，适用范围广泛 治理理念：注重数据主体权利，赋予多项权利，如访问权、更正权和携带权 治理原则：涵盖全面原则体系，如合法、公正、透明等原则 监管方式：严格的通知与评估机制 违规处罚：处罚力度极大，轻微违规和严重违规有不同高额罚款 数据跨境：跨境规则严格，个人信息跨境转移限制多	《通用数据保护条例》（GDPR） 《数字服务法》（DSA） 《数字市场法》（DMA） 《数据治理法案》（DGA） 《数据法案》（Data Act） 《人工智能法案》（AI Act） 《芯片法案》（Chips Act）
中国	立法层面：立法框架逐步完善，以《中华人民共和国民法典》为基石，《中华人民共和国个人信息保护法》细化规则 治理原则：强调原则性要求，知情同意与最小必要原则贯穿始终 数据跨境：注重安全评估与监管，数据跨境提供需严格安全评估，多部门协同监管 国际合作：积极参与国际合作，与欧洲等开展数据安全合作	《中华人民共和国个人信息保护法》 《中华人民共和国数据安全法》 《中华人民共和国网络安全法》 《网络数据安全管理条例》 《促进和规范数据跨境流动规定》 《网络暴力信息治理规定》 《中华人民共和国电子商务法》 《生成式人工智能服务管理暂行办法》 《互联网信息服务算法推荐管理规定》

资料来源：根据本节内容整理。

二、数据跨境流通

欧美之间围绕数据跨境流动的争议由来已久。早期，欧美达成《安全港协议》，允许美国企业接收从欧盟传输来的个人数据。但 2013 年斯诺登事件曝光后，欧盟对公民数据安全产生严重担忧，该协议于 2015 年被欧盟法院宣布无效。2016 年，欧美推出《隐私盾协议》，美国设立独立隐私盾监察员监督国家安全干预，并承诺限制获取数据的目的等。然而，2020 年欧

盟法院裁决该协议无效，认为美国对数据保护的限制违反比例原则，且未为欧盟数据主体提供有效救济措施。2022 年，欧美达成《跨大西洋数据隐私框架》，旨在解决数据传输困境，但未来仍面临诸多不确定性。2023 年 7 月，欧盟委员会批准《欧美数据隐私框架》，旨在解决欧美数据传输困境，但未来仍面临诸多不确定性，欧美在数据隐私与跨境流动方面的博弈还将持续。

中美之间在数据跨境流通方面也存在较为明显的冲突。中国出于维护国家主权、安全和发展利益，以及保护公民个人信息安全的考量，对数据出境设置了严格审查流程，要求企业确保数据接收方具备相应的数据保护能力和水平。而美国政府与部分企业试图获取全球数据，在数据跨境流动上主张相对自由的模式，这种差异导致双方在数据跨境流通规则上难以达成一致。

在数据合作上，中国与欧洲早有渊源。1998 年双方签订《中欧科技合作协定》，拉开合作序幕；2009 年开展中欧高科技双边对话，增进技术交流；2013 年签署《中欧合作 2020 战略规划》，明确合作方向；2015 年发布《中欧 5G 战略联合声明》，在通信领域深化合作；2021 年，中欧就《全球数据安全倡议》展开探讨，在数据安全方面寻求共识。例如，在海洋数据领域，国家海洋信息中心和欧洲海洋观测与数据网联合实施项目，构建了中欧海洋数据网络伙伴关系，形成了数据与技术共享的新型合作模式。

中美欧在数据隐私领域基于自身利益和价值观构建政策体系，在数据跨境流动上既有激烈博弈，也存在合作空间。未来，如何在保障数据隐私安全的前提下，推动数据合理跨境流动，促进全球数字经济健康发展，是三方乃至全球需要共同探索的重要课题。

三、全球数字治理模式

在全球数字治理的演进历程中，逐渐形成以美国、中国、欧盟为代表的三大典型范式，三方凭借各自价值理念与战略考量，在数据隐私与跨境流动领域持续博弈与协作。

美国秉持自由市场理念，将数字产业视为驱动经济增长与技术革新的核心引擎。美国政府通过《通信规范法》第 230 条等立法，为科技企业提供了相对宽松的监管环境，赋予平台对用户内容管理的豁免权，极大促进了社交媒体、内容平台的蓬勃发展。根据中国信息通信研究院《全球数字经济白皮书（2023 年）》中数据，2022 年美国数字经济规模达 17.2 万亿美元，占 GDP 的比重超过 65%。以硅谷为代表的科技企业集群，在政府轻干预政策下，持续引领全球创新浪潮。根据 Synergy Research 数据，2024 年亚马逊 AWS 占据全球云计算市场约 32% 的份额，微软 Azure 与谷歌云紧随其后，三者合计掌控超 60% 的市场[①]。在这种市场主导的模式下，企业自律成为关键约束，如美国在线隐私联盟等行业组织，通过制定自愿性准则推动企业落实数据保护责任。

中国坚持网络主权原则，将数字治理深度融入国家主权安全体系。自《中华人民共和国网络安全法》《中华人民共和国数据安全法》《中华人民共和国个人信息保护法》相继落地，构建起三位一体的数据安全法律框架。以数据出境安全审查为例，根据国家网信办 2024 年 12 月发布的通报，截至 2024 年底共完成 285 项数据出境安全评估项目，涉及重要数据出境的项目中有 63.9% 的数据项目获批[②]，对滴滴、运满满等企业的审查行动，充分彰显维护数据主权的决心。在多边合作层面，中国积极推动全球数字治理体系改革，在联合国框架下提出《全球数据安全倡议》，获得超 50 个国家响应[③]。同时，中国主导的"数字丝绸之路"已与 30 余个国家签署合作协议[④]，通过建设跨境数据中心、光缆网络等基础设施，为构建网络空间命运共同体奠定物质基础。

欧盟以《通用数据保护条例》（GDPR）为基石，打造全球最严格的数据监管体系。根据欧盟官方统计及公开报告，截至 2025 年 5 月，GDPR 累计罚款总额约为 58.8 亿欧元。欧盟通过"数据可携权""被遗忘权"等制度设计，将公民权利置于数字治理核心，根据欧盟委员会调查，GDPR 实施

---

① 云巨头博弈，微软、谷歌、阿里云围剿下的亚马逊 AWS［EB/OL］.（2025-04-21）. https：//weibo. com/ttarticle/p/show? id=2309405157791449874486.

② 光明网. 促进数据跨境有序流动　截至 2024 年 12 月网信办完成安全评估项目 285 个［EB/OL］.（2025-04-27）. https://legal. gmw. cn/2025-04/27/content_37993901. htm.

③ 李艳，孙令仪. 中国《全球数据安全倡议》持续为全球数字治理注入正能量［EB/OL］.（2021-10-31）. https：//mp. weixin. qq. com/s?　__biz=MzAxMzQ3Mzc2Ng==&mid=2650796785&idx=1&sn=a0596a8a448f7329270fd8e938d2a9f4&chksm.

④ 数字丝路，为世界发展提速［EB/OL］.（2018-04-30）. https：//www. gov. cn/xinwen/2018-04/30/content_5286985. htm.

后，欧盟公民对数据使用的信任度提升27%。在跨境数据流动方面，欧盟以"充分性认定"为标尺，仅认可14个国家和地区的数据保护水平达标。这种严格监管模式，既推动全球数据保护标准升级，也引发美欧在数据跨境规则上的持续博弈。

三大治理范式的碰撞与融合，深刻塑造着全球数字治理格局。美国的市场驱动、中国的主权导向、欧盟的权利本位，在数据隐私保护、跨境流动规则制定等领域既形成竞争态势，也在人工智能伦理、网络安全等新兴议题上寻求合作空间，共同推动全球数字治理体系向更平衡、包容的方向发展。

美欧数据跨境与个人隐私保护领域的标志性事件
——Schrems Ⅰ案和 Schrems Ⅱ案

2013年，奥地利律师马克斯·施雷姆斯（Max Schrems）发起了Schrems Ⅰ案。当时，美国国家安全局的"棱镜门"事件曝光，民众惊觉美国政府下属情报机构可在当事人或企业毫不知情的情况下，借助电信运营商的配合，监听获取所有传输至美国的数据。在此背景下，施雷姆斯对美国脸书公司提起诉讼，旨在禁止脸书依据《安全港协议》将其个人数据转移至美国。该协议于2000年11月正式出台，以欧盟1995年《数据保护指令》设定的"充分性认定"原则为基础，规定数据传输第三国的数据保护水平必须与欧盟实质等同。彼时，美国约4500家企业参与其中，企业只需每年向美国商务部提交自证信，承诺遵守相关原则，便可自由接收欧盟传来的个人数据。

2015年10月，欧盟最高法院——欧洲法院（CJEU）对此案作出判决，明确指出《安全港协议》存在严重问题：加入该协议的企业隐私政策不透明；美国商务部未对协议认证的有效性进行跟进；对欧盟公民缺乏有效的补救举措。鉴于此，欧盟委员会宣布《安全港协议》无效，这一判决犹如一颗重磅炸弹，极大冲击了美欧之间的数据跨境传输秩序。

《安全港协议》失效后，为维持美欧企业与机构间的跨境数据流动，欧盟与美国于2016年推出《隐私盾协议》。该协议基本沿袭《安全港协议》的主要内容，细化了隐私保护原则，并增加了多项规定，还附带美国国家安全机构的承诺，意图回应欧洲法院在 Schrems Ⅰ 案中提出的问题。例如，强化企业承诺，要求引入欧盟个人数据的美国企业公开承诺履行相关原则，保护欧盟数据主体权利；严格执法，美国商务部需监管美国联邦贸易委员会对协议的执行，对违规企业予以严惩。然而，欧盟数据保护机构第 29 条工作组虽承认《隐私盾协议》有"重大改进"，但仍对其国家安全条款及细则表示担忧，如机构对删除数据义务规定不明、数据向第三国转移的保护措施不足、救济机制过于复杂等。

2015 年底，施雷姆斯再次行动，向爱尔兰数据保护委员会申诉，要求暂停脸书使用标准合同条款（SCCs）跨境传输数据。爱尔兰高等法院在审理时对《隐私盾协议》的有效性提出质疑，并提交至欧洲法院。2020 年，欧洲法院在 Schrems Ⅱ 案中判决《隐私盾协议》无效，理由是该协议所提出的情报系统内控机制缺乏独立性，属于行政系统内部的事后保护，不足以保护欧盟公民的个人信息，所谓的监察专员制度也无法赋予欧盟公民可通过诉讼保护的权利。

（资料来源：笔者根据相关资料整理。）

第三节　多方参与的数字治理

全球数字治理生态呈现多元共治的复杂格局，不同主体凭借各自优势与诉求，在数字治理领域的规则制定与秩序构建中发挥关键作用。主权国家作为核心治理力量，通过政策规划与立法行动，为数字发展划定边界。中美德日等国均将人工智能、量子计算及通信网络等前沿领域列为战略重点，虽在发展路径与优先方向上各有侧重，但对关键技术领域的布局重视程度高度趋同；以亚马逊 AWS、微软 Azure、谷歌云为代表的科技企业，凭借庞大的数据资源与先进的数字基础设施建设能力，成为全球数字经济运行的关键支撑。这些行业巨头制定的云计算标准，深刻影响着全球数据存储与处理的运作模式，在数字基础设施的掌控上拥有无可替代的话语权。头部科技企业对数字基础设施的影响力正不断扩张，其资源掌控力甚至能够重塑行业竞争格局；普通公民、小众群体及学术机构、非政府组织等多方利益相关者，同样在数字治理中发出独特声音。他们更加关注数字时代的个体权利保障，积极推动互联网开放性、隐私权及数字人权等议题的讨论与落实，促使数字治理体系朝着更具包容性的方向发展。

一、国家层面的数字治理

党的二十大报告提出要加快建设网络强国、数字中国，明确要求发展高效协同的数字政务，全面提升政府履职的数字化、智能化水平。通过优化政务服务流程、推动数据跨部门共享，实现政府运行"一网协同"、经济社会治理"一网统管"。通过大力推进数字政府建设，促使政府管理服务与数字技术深度融合，从而提升政府治理效能，为经济社会数字化转型筑牢根基。

（一）国家数字治理的规范体系

国家通过制度建构形成数字治理的规范体系，成为数字时代秩序构建的基石。中国以《中华人民共和国网络安全法》《中华人民共和国数据安全法》和《中华人民共和国个人信息保护法》为核心，构建起覆盖网络空间安全、数据全生命周期管理和个人信息权益保障的法律框架。这种立法模式以整体性思维统筹数字领域治理，通过明确数据处理各环节主体的权利与义务，为数字经济发展提供制度保障，体现出国家在数字治理中主动塑造规则、防范风险的前瞻性。欧盟的《通用数据保护条例》（GDPR）则代表了超国家层面的制度创新典范。其突破传统地域管辖限制，建立起以数据主体权利为核心、涵盖数据处理全流程的严格规范体系。GDPR不仅规定了数据收集、存储、使用的具体规则，还赋予数据主体访问权、更正权、携带权等一系列权利，形成了对数据处理者的强力约束，重塑了全球数据保护的规则标准，彰显了欧盟在数字治理规则制定上的引领地位。美国分散式立法体系虽缺乏联邦层面的统一规范，但通过针对特定领域（如健康、金融）的专项立法，构建起差异化的制度安排，以适应不同行业数字治理的特殊需求，展现出制度建构的灵活性与适应性。

（二）国家数字治理的规则博弈

在数字全球化背景下，国家成为全球数字治理规则博弈的重要主体。中国秉持合作共赢理念，积极参与国际数字治理合作，从早期的双边科技合作协议，到参与《全球数据安全倡议》，通过开展跨境数据中心、智慧电网等项目，推动构建公平合理的全球数字治理秩序，在国际舞台上贡献中国方案与智慧。欧盟凭借 GDPR 的严格标准，在全球数字治理规则制定中占据话语权高地。其"充分性认定"机制、数据跨境流动规则等，不仅影响着其他国家和地区的数字治理政策制定，也引发了与美国等在数据跨境规则上的持续博弈。美国凭借其在数字技术和互联网产业的优势，积极推广自身数字治理理念与规则，试图主导全球数字治理格局。欧美在数字治理规则上的分歧与合作，本质上是不同价值理念、利益诉求在全球数字治理领域的碰撞与融合，共同推动全球数字治理规则的重构与发展。国家间的数字治理博弈，既是规则的竞争，也是治理能力与治理智慧的较量，对全球数字治理体系的演进产生深远影响。

（三）我国数字治理的重点领域及相关实践

在数字技术快速发展与深度应用的时代背景下，我国数字治理围绕多个重点领域积极推进，通过政策制定、技术创新与实践探索，逐步构建起具有中国特色的数字治理体系。

1. 数据安全与隐私保护领域

数据安全与隐私保护是数字治理的关键基础。我国以《中华人民共和国数据安全法》《中华人民共和国个人信息保护法》为核心，构建起全面的数据安全与隐私保护法律框架。在实践中，针对数据跨境流动，建立数据出境安全审查制度，对关键信息基础设施运营者和处理大量个人信息的数据处理者向境外提供数据进行严格审查。例如，我国加强对数据出境活动的监管，确保数据流动在安全可控的范围内，维护国家主权、安全和发展利益。同时，在数据分级分类管理方面，积极推动各行业开展数据分类分级工作，明确不同类别、不同级别数据的保护要求和措施。例如，金融行业对客户敏感信息进行严格分级保护，采用加密、访问控制等技术手段，保障数据的保密性、完整性和可用性，切实保护公民个人信息和国家重要数据安全。

2. 数字政务服务领域

数字政务是我国数字治理的重要实践方向。近年来，我国大力推进"一网通办""最多跑一次"等改革，通过整合政务资源、优化业务流程，建设全国一体化政务服务平台。例如，浙江省率先开展"最多跑一次"改革，将原本分散在各个部门的政务服务事项集中到线上平台和线下政务大厅，民众和企业只需通过一个平台或一次现场办理，就能完成多个事项的办理，极大提高了办事效率。在政务数据共享方面，各地积极打破部门间的数据壁垒，实现数据的互联互通。如广东省通过建设政务大数据中心，整合了公安、民政、社保等多个部门的数据，为政务服务提供数据支撑，实现了"让数据多跑路，让群众少跑腿"，提升了政府服务效能和公众满意度。

3. 数字经济治理领域

数字经济的蓬勃发展需要有效的治理。我国在数字经济治理上，一方面鼓励创新，支持平台经济、人工智能、大数据等新兴产业发展，出台政策推动数字技术与实体经济深度融合。例如，在工业互联网领域，政府引导企业利用数字技术进行智能化改造，打造智能工厂、数字化车间，提升生产效率和产品质量。另一方面加强对数字经济市场秩序的规范。针对平台垄断、不正当竞争等问题，相关部门加强反垄断监管，对互联网平台企业的并购、数据垄断等行为进行审查和监管。如对阿里巴巴、美团等平台企业的反垄断调查与处罚，维护了市场公平竞争环境，促进数字经济健康有序发展。

4. 网络空间治理领域

网络空间治理关乎国家网络安全和社会稳定。我国加强网络内容治理，开展专项行动打击网络谣言、虚假信息、网络暴力等违法违规行为。例如，"清朗"系列专项行动针对网络生态中的突出问题进行集中整治，净化网络空间环境，营造积极健康的网络文化氛围。在网络安全防护方面，强化关键信息基础设施保护，建立网络安全监测预警和应急响应机制。对能源、交通、通信等关键领域的信息系统进行安全加固，提高网络安全防护能力，防范网络攻击、数据泄露等安全风险，保障国家关键信息基础设施安全稳定运行。

二、企业层面的数字治理

在多方参与的数字治理体系中，企业凭借技术优势与市场活力，成为数字治理的关键实践主体。企业通过技术创新驱动治理效能提升，以合规运营响应制度要求，在市场竞争与社会责任的双重驱动下，与政府、公众形成协同治理格局。

（一）技术创新：数字治理的能力支撑

企业以技术研发与应用创新为数字治理提供核心动能。在人工智能领域，头部科技企业通过算法优化与模型训练，为网络内容审核、风险预警等治理场景提供技术解决方案。例如，字节跳动开发的 AI 内容审核系统，专注于大规模内容审核的自动化与智能化，通过自然语言处理、机器学习、深度神经网络和图像识别等技术，能够自动识别新闻中的敏感信息、虚假新闻、不实言论、违规图像等内容，减少人工审核的负担，同时提高审核的速度和准确性[①]。在数据治理层面，企业可以构建数据中台与隐私计算平台，通过联邦学习、差分隐私、区块链等技术，在保障数据安全的前提下实现跨机构数据共享，为政府决策、公共服务提供数据支持。

（二）合规运营：数字规则的市场实践

企业通过内部制度建设与业务调整落实数字治理规则。在数据安全领域，互联网企业依据《中华人民共和国个人信息保护法》要求，重构数据收集、存储与使用流程。例如，微信在新版隐私政策中明确细化信息收集范围，赋予用户对个人信息的精细化控制权。平台型企业通过建立算法备案制度、用户权益保障机制，回应社会对算法偏见、数据垄断的治理诉求。美团针对骑手劳动权益保护问题，开发智能调度系统优化配送规则，并建立申诉与补偿机制，将劳动权益保障嵌入数字化运营体系。企业的合规实践不仅降低法律风险，更通过规则内化形成差异化竞争优势。

（三）协同共治：市场主体的责任延伸

企业通过生态构建与社会合作拓展数字治理边界。在政企协同方面，

---

① 字节跳动 BitsAI-CR：基于 LLM 的代码审查系统技术揭秘［EB/OL］.（2025-02-03）. https：//mp. weixin. qq. com/s/39Kyl5VeYA1eh6LEupA-zA.

华为与地方政府共建智慧城市运营中心,将云计算、物联网技术与城市管理需求结合,实现交通、能源、应急等领域的智能治理。在公众参与层面,互联网企业搭建治理协作平台,阿里巴巴的"公益宝贝"计划将消费者购物行为与公益捐赠挂钩,形成商业价值与社会价值的融合机制。企业还通过行业协会推动标准制定,中国通信标准化协会联合多家企业制定的《App用户权益保护测评规范》及配套标准,为行业自律提供参照标准。企业从单一市场主体向治理协同方转变,通过资源整合与价值共创,推动数字治理体系的完善。

三、公众参与的数字治理

在数字治理的多元主体格局中,社会公众既是数字技术的使用者、数字服务的消费者,更是数字治理的参与者与监督者。公众通过行使个人信息权利、开展社会监督、参与协同治理,推动数字治理体系的完善,实现从被动接收者向主动治理者的角色转变。

（一）个体权益的数字表达

公众通过主动行使法律赋予的权利,维护自身在数字空间的合法权益。《中华人民共和国个人信息保护法》赋予公众个人信息知情权、决定权、删除权等多项权利,为公众参与数字治理提供法律武器。实践中,消费者针对企业过度收集个人信息、擅自共享数据等行为,通过向监管部门投诉、提起诉讼等方式维权。例如,用户若发现某手机 App 在未获明确授权的情况下,私自获取其地理位置、通讯录等敏感信息,可依据法律规定向网信部门举报,促使企业整改数据收集规则。此外,公众还通过参与企业隐私政策制定反馈、行使数据可携带权等方式,推动企业优化数据处理流程,增强对个人信息的自主控制权,从而倒逼企业落实数据治理责任。

（二）公众参与的监督反馈

公众以监督者身份对政府和企业的数字治理行为进行审视与反馈。在网络空间,公众通过社交媒体、网络论坛等渠道,对企业违规收集使用数据、算法歧视等问题进行曝光。2020 年 12 月中旬,一篇《我被美团会员割了韭菜》的文章引起热议,该文章讲述了这次事件的主人公"神父",在偶然的一次点外卖时,发现开通会员之后比自己平时的配送费增长了 1 倍①。复旦大学孙金云教授团队随后发布《2020 打车软件出行状态调研报告》，指出高价手机用户（如苹果用户）更容易被推荐高价服务，进一步佐证算法歧视现象②。2021 年 7 月，国家市场监督管理总局发布《价格违法行为行政处罚规定（修订征求意见稿）》，明确对"大数据杀熟"行为处以最高上一年度销售额 5‰ 的罚款。同时，公众对政府数字治理政策与实践也积极提出建议和意见。在地方政府推进智慧城市建设过程中，市民通过政府官网留言、听证会等形式，就公共数据开放范围、政务 App 功能设计等问题建言献策，推动政府优化数字治理方案，提升政策制定的科学性与民主性，使数字治理更契合公众需求。

（三）公众参与协同共治

多方协作正破解数字治理难题，公众通过参与各类数字治理活动，与政府、企业形成协同治理合力。在网络空间治理领域，志愿者团队、社会组织与政府部门合作，开展网络谣言辟谣、不良信息举报等工作。例如，由河北联通牵头，涵盖政府机构（如河北省政务服务数据事务中心）、企业（如华为、奇安信、安恒信息等）以及高校（如河北大学）等 40 多余家单位组建的"河北网络安全产业创新发展联盟"，通过共享平台整合多源威胁数据（如恶意 IP、漏洞信息、攻击特征），日均处理情报超 10 万条③。

数字治理的多元共治格局正在加速形成。国家通过制度创新与基础设施建设筑牢发展根基，企业以技术创新与责任担当释放发展动能，公众凭借广泛参与与智慧贡献注入创新活力。三方主体需进一步完善协同机制，在规则制定、技术研发、风险防控等领域深化合作，共同构建包容、安全、可持续的数字治理新范式，推动人类社会向更高水平的数字文明迈进。

① 美团"大数据杀熟"背后的伦理之困［EB/OL］.（2020-12-19）. https：//finance. sina. com. cn/tech/2020-12-19/doc-iiznctke7398964. shtml.

② 孙金云. 打车软件的秘密，看这一篇就够了！附完整版调研报告［EB/OL］.（2021-03-02）. https：//mp. weixin. qq. com/s/agrJSpExVkc6B_xsVecJtA.

③ 河北广播电视报官网. 河北联通牵头成立河北网络安全产业创新发展联盟［EB/OL］.（2024-09-11）. https：//www. hebtv. com/2/2hbgbdsb/zx/xwc/11616166. shtml.

第四节 数字治理的挑战与未来趋势

在数字技术深度渗透社会经济各领域的今天，数字治理作为维护数字空间秩序、推动数字经济发展的核心手段，正面临着前所未有的复杂挑战。与此同时，随着技术演进与全球协作的深化，数字治理也展现出清晰的未来发展趋势。这些挑战与趋势不仅深刻影响着当下数字生态的健康发展，也关乎人类社会在数字时代的长远命运。

一、数字治理面临的严峻挑战

（一）全球治理规则碎片化

当前，全球数字治理规则尚未形成统一框架，呈现高度碎片化状态。各国基于自身利益与发展水平，制定出差异巨大的数字政策与法规。例如，欧盟以《通用数据保护条例》（GDPR）为核心，构建起严格的数据隐私保护体系，对数据跨境流动设置诸多限制；美国则秉持自由市场理念，强调企业自律，在数据跨境流动上相对宽松。这种规则差异导致跨国企业在运营过程中面临合规困境，也阻碍了全球数据的自由流动与数字贸易的健康发展。据世界贸易组织统计，因数字治理规则不统一引发的贸易摩擦，每年给全球经济带来超千亿美元的损失。

（二）数据安全与隐私保护难题

随着数据价值不断攀升，数据安全与隐私保护面临巨大压力。一方面，黑客攻击、数据泄露等事件频发。仅 2023 年，全球就发生超 3000 起重大数据泄露事件，涉及数十亿条个人信息，造成的经济损失高达数百亿美元。另一方面，企业在数据收集与使用过程中，存在过度采集、违规共享等问题。部分 App 在用户不知情的情况下，获取通讯录、地理位置等敏感信息，侵犯用户隐私。此外，人工智能、大数据等技术的应用，进一步加剧了数据隐私保护的复杂性，如何在挖掘数据价值的同时保障数据安全与隐私，成为数字治理亟待解决的难题。

（三）技术伦理与算法偏见困境

人工智能、算法等数字技术在广泛应用过程中，暴露出严重的伦理问题与算法偏见。算法偏见可能导致不公平的决策结果，如在招聘、信贷审批等领域，算法可能因历史数据偏差，对特定性别、种族或群体产生歧视。一些社交媒体平台的算法推荐机制，加剧了信息茧房效应，导致用户陷入单一信息圈层，阻碍社会共识的形成。同时，人工智能在自动驾驶、医疗诊断等关键领域的应用，其决策的可解释性与透明度问题，也引发公众对技术安全性与可靠性的担忧。然而，目前全球尚未形成统一的技术伦理规范与监管标准，难以有效应对这些挑战。

（四）数字鸿沟持续扩大

数字技术的快速发展并未实现全球普惠，数字鸿沟呈现不断扩大的趋势。在基础设施方面，发达国家与发展中国家存在显著差距。截至 2024 年，全球仍有超 20 亿人口无法接入互联网，其中大部分集中在非洲、南亚等地区。在数字技能方面，不同群体之间的差异也十分明显。老年人、偏远地区居民等群体，因缺乏数字技能培训与设备支持，难以充分享受数字技术带来的便利。数字鸿沟的扩大，不仅加剧了全球发展不平衡，还可能引发社会矛盾与不稳定因素，对数字治理的公平性与包容性构成严重挑战。

二、数字治理的未来发展趋势

（一）全球协同治理加强

面对数字治理的全球性挑战，各国将更加重视国际合作，推动全球协同治理。未来，国际组织在数字治理中的作用将进一步凸显。联合国、世界贸易组织等国际机构，将积极推动全球数字治理规则的制定与协调，促进各国在数据跨境流动、网络安全等领域达成共识。同时，区域合作也将不断深化，如亚太经合组织（APEC）、欧盟等区域组织，将在数字贸易、技术标准等方面加强协作，形成更具影响力的区域数字治理模式。此外，跨国企业、非政府组织等多元主体也将更多参与全球数字治理，构建多方协同的治理格局。

（二）技术创新驱动治理升级

人工智能、区块链、物联网等新兴技术将为数字治理带来新的解决方案，推动治理模式升级。人工智能技术可用于网络安全威胁检测、数据合规审查等，提高治理效率与精准度。例如，利用机器学习算法，能够快速识别异常网络行为，及时发现潜在安全风险。区块链技术凭借其去中心化、不可篡改等特性，可应用于数据存证、跨境交易等场景，增强数据安全性与信任度。物联网技术则可实现对城市基础设施、公共服务等领域的实时监测与智能管理，提升智慧城市治理水平。随着技术的不断创新，数字治理将向智能化、自动化方向发展。

（三）规则体系逐步完善

各国将加快完善数字治理规则体系，推动规则的精细化与标准化。在数据安全与隐私保护方面，更多国家将借鉴欧盟 GDPR 的经验，制定严格的数据保护法律，明确企业数据处理责任与用户权利。在技术伦理领域，国际社会将加强合作，制定统一的技术伦理准则，规范人工智能、算法等技术的研发与应用。同时，各国还将加强对新兴数字领域的立法探索，如对元宇宙、生成式人工智能等领域的治理规则进行研究与制定，填补法律空白，为数字技术发展营造健康有序的环境。

（四）公众参与深度拓展

公众参与将成为数字治理的重要趋势，其深度与广度将不断拓展。随着公民数字素养的提升，公众对数字治理的关注度与参与意愿日益增强。未来，政府与企业将更加重视公众意见，通过在线投票、公众咨询等方式，广泛吸纳公众建议，提高决策的科学性与民主性。同时，技术社群、非政府组织等社会力量也将在数字治理中发挥更大作用，推动形成多元共治的良好局面。例如，开源社区开发者可通过技术创新，为数字治理提供更安全、高效的解决方案；非政府组织可通过监督与倡导，促进数字治理的公平与透明。

数字治理正处于关键的变革时期，虽然面临诸多挑战，但也蕴含着巨大的发展机遇。通过加强全球协同治理、推动技术创新、完善规则体系、拓展公众参与，构建更加公平、安全、高效的数字治理体系，推动数字时代的可持续发展。

第八章　数字经济的技术支撑

　　本章主要介绍支撑数字经济发展的技术底座。云计算、大数据、物联网、区块链、人工智能等新兴技术，不仅为数字经济的蓬勃发展提供了坚实的技术支撑，更是推动经济创新和产业升级的核心动力。深入了解这些技术，对把握数字经济的发展规律，推动数字经济与实体经济的深度融合，有着极为关键的作用。本章系统探讨数字经济发展的核心技术支撑，分析云计算、大数据、人工智能、物联网、区块链等新兴技术如何推动数字经济的创新与变革，旨在帮助读者了解数字经济技术支撑的核心原理与实际应用，构建从技术到经济价值的完整认知链条。

第一节　云计算与大数据

　　云计算、大数据、人工智能、物联网、区块链作为新技术基础设施，是产业数字化的重要技术底座，支撑着各种数字化商业实践活动的展开。其中，云计算通过弹性算力供给和分布式存储，为大数据处理提供基础设施支撑，使企业能以更低的成本实现海量数据的采集、存储与分析。大数据则通过挖掘数据价值，驱动决策智能化与产业升级。云计算技术与大数据已广泛且深入地渗透到各行业，为数字经济提供了强有力的支撑与赋能。

一、解密云计算与大数据技术

（一）云计算发展

云计算的发展历程颇为漫长，云计算的底层逻辑源于 20 世纪 40 年代的分布式计算思想，20 世纪 60 年代，分时系统与虚拟化技术的出现为资源共享奠定了理论基础。1999 年，Salesforce 推出首个 SaaS 应用，开创了软件即服务的先河。2002 年，亚马逊启动 AWS 原型项目，2006 年 EC2/S3 商用标志着云计算从理论走向实践。这一阶段以科技巨头内部资源优化为主，公共服务尚处于试验阶段。2006 年是云计算发展的重要里程碑。2006 年，亚马逊 EC2 的商用正式确立 IaaS 模式，随后 Google App Engine（2008）、微软 Azure（2010）的推出推动云计算进入爆发期。2008 年后，虚拟化技术如 Xen/KVM 趋于成熟，资源池化与动态调配成为可能，IaaS/PaaS/SaaS 三层架构体系成型，如图 8-1 所示。这一时期云计算解决了计算资源弹性供给的核心问题，企业 IT 成本显著降低。2015 年后，随着容器技术的发展，云计算进入了"云原生"时代。云原生应用程序可以更快速地实现创新和升级，并以自动化和容错为目标。这个时期的代表技术包括 Docker 容器、Kubernetes 编排系统，代表公司如 Kubernetes、Docker、RedHat 等。

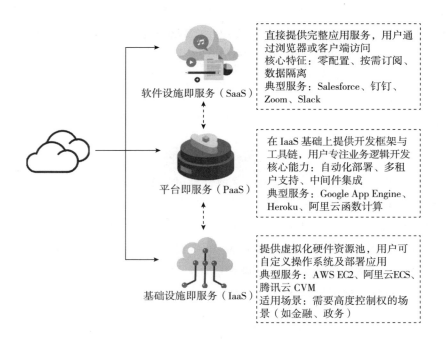

图 8-1　云服务类型及架构

云计算通过网络，以按需使用、按量付费的模式，为用户提供计算资源、存储资源和软件服务。其具备超大规模的特性，以阿里云为例，其庞大的服务器集群，能支撑海量用户的并发访问，为企业提供稳定的计算和存储能力。云计算的高可靠性同样显著，它采用数据多副本容错、计算节点同构可互换等措施，保障服务的稳定运行，降低因硬件故障导致的服务中断风险。此外，云计算的弹性扩展能力，可使企业根据业务需求，灵活调整资源配置，避免资源浪费或不足。

（二）大数据发展

大数据是指规模巨大、类型多样、处理速度快且价值密度低的数据集合。其数据类型丰富，涵盖文本、图像、音频、视频等多种格式。其核心特征包括数据体量大（Volume）、处理速度快（Velocity）、数据多样性（Variety）、价值密度低（Value）和数据真实性（Veracity）。例如，抖音每天都会产生海量的用户行为数据，包括视频浏览、点赞、评论等，这些数据为抖音优化算法、推荐内容提供了重要依据。大数据的快速处理要求，需要借助分布式计算、流计算等技术，实现对实时数据的高效分析，以便及时做出决策。

云计算为大数据的存储和分析提供了强大的基础设施。大数据处理过程中，需要海量的计算和存储资源，云计算平台恰好满足了这一需求。以百度云为例，百度云为百度搜索引擎提供了稳定的云计算环境，支持其对海量网页数据的抓取、存储和分析。另外，大数据分析结果又能助力云服务提供商优化云资源配置，提高服务质量，实现两者的协同发展。

二、云计算与大数据：重构数字经济基础设施

在数字经济 3.0 时代，云计算与大数据已成为重塑经济运行模式的核心引擎。两者深度融合形成的技术体系，不仅突破了传统数据处理能力的边界，更通过弹性算力供给与数据价值挖掘的双轮驱动，成为数字经济基础设施的重要组成部分。

（一）云计算：数据存储与处理的底层支柱

云计算通过虚拟化技术将分散的物理资源聚合为弹性可扩展的算力池，为大数据处理提供了高效、低成本的基础设施。例如，阿里云 MaxCompute

数字经济理论与实践

通过分布式架构支持 EB 级数据存储与百 PB 级计算，使企业无须自建数据中心即可实现海量数据的集中管理。这种能力不仅降低了硬件投入成本（中小企业 IT 成本降低 54% 以上），还通过自动化运维提升了资源利用率，解决了传统架构下存储扩容周期长、能耗高的痛点。借助阿里云、华为云等云服务提供商，企业只需按使用量付费，就能获取稳定的云服务器资源，快速搭建业务平台，将更多资金与精力聚焦于核心业务的拓展与创新。

在数据处理层面，云计算的分布式计算框架（如 Hadoop、Spark）与边缘计算技术的结合，实现了从数据采集到分析的全流程优化。以制造业为例，通过云端部署的预测性维护系统，企业可实时分析设备传感器数据，将故障响应时间从小时级缩短至分钟级，设备维护成本降低 30%。这种能力使数据从"成本中心"转变为"价值中心"，为实时决策提供了可能。

云计算的这些技术特性不仅降低了企业的硬件投入成本，还极大地提高了资源的弹性调配能力和企业协同创新。例如，电商行业的"双 11""618"购物节就是云计算弹性扩展能力的典型应用场景。在购物节期间，电商平台流量呈爆发式增长，通过云服务的弹性扩展功能，平台能在短时间内增加云服务器的配置，满足海量用户的访问需求。而在购物节过后，又可灵活减少资源配置，避免资源闲置，有效降低运营成本。此外，云平台还打破了企业间的时空限制，不同地区的团队基于云平台可实时共享数据，开展协同办公。例如，跨国企业的研发团队可通过云平台实时沟通研发进度，共同修改设计方案，从而显著提升了企业的协同效率与创新能力。

（二）大数据：驱动数字经济的"新引擎"

2015 年 8 月，国务院印发的《促进大数据发展行动纲要》指出，企业应尽快将大数据体系建设纳入战略布局，实现数据驱动的企业运营能力提升以及全产业链协同创新。大数据具有数据体量大、数据多样性、处理速度快和价值密度低的特点，凭借这些特性，其在数字经济的众多场景中发挥着关键作用。

大数据助力精准营销。在数字营销领域，企业通过收集社交媒体、电商平台等渠道的消费者数据，深入分析消费者的偏好、购买习惯和行为模式。大数据从媒体、消费者、广告与营销战略策划、效果评估四个层面解构了传统营销体系，重构了大数据背景之下的全媒体营销体系。例如，字节跳动旗下的抖音、今日头条等产品，借助巨量引擎大数据分析平台，对用户的浏览、点赞、评论等行为数据进行分析，精准推送符合用户兴趣的内容，极大地提升了用户对平台的参与度与忠诚度。

大数据优化企业运营管理。一方面，工业企业在生产过程中会产生海量数据，企业通过对设备运行数据的实时监测与分析，可提前预测设备故障，安排维护计划，减少设备停机时间，提高生产效率。另一方面，企业通过分析原材料的消耗数据、生产流程数据等，还能优化生产工艺，降低生产成本，提升产品质量。此外，大数据能力可以强有力地驱动供应链创新，改善产品和服务，并在与供应链成员企业互动时创新其业务模式。

大数据赋能公共服务。大数据在政府决策、医疗健康、交通管理等领域也发挥着重要作用。在交通管理方面，政府借助大数据分析城市交通流量，优化交通信号灯的配时，缓解交通拥堵。在医疗健康领域，医疗机构通过对患者病历数据的分析，建立疾病预测模型，提前发现疾病风险，提高疾病诊断的准确性和治疗效果。以贵阳的"青年卡"综合服务平台为例，其利用大数据信息化手段，有效解决了青年公共服务领域的诸多问题。"青年卡"服务涉及青年教育、就业、住房、生活等多个领域。例如，贵阳为外地来筑求职青年提供7~30天的过渡性免费住宿。求职青年只需在平台上填写个人信息申报青年驿站免费入住，审核通过后即可获得住宿机会。

总之，在数字经济时代，云计算与大数据的融合应用正改变着传统的生产、生活和商业模式，为各行业的数字化转型注入新的活力。云计算为大数据的存储和处理提供了强大的基础设施支撑，大数据则为云计算服务的优化提供了数据依据。以智能推荐系统为例，云计算提供的强大算力，确保系统能够快速处理海量用户数据，而大数据分析技术则帮助系统挖掘用户的潜在需求，实现精准推荐。未来，随着技术的不断发展，两者将在数字经济领域发挥更为重要的作用，创造更多的价值。

第二节　人工智能与机器学习

在数字经济浪潮中，人工智能（AI）与机器学习（ML）已成为驱动经济变革的关键技术力量，深刻重塑着产业格局，渗透到生产生活的各个领域，为数字经济的高质量发展提供强劲动力。

一、认识人工智能与机器学习

人工智能旨在让机器模拟人类的智能行为，包括学习、推理、理解和决策等。机器学习则是人工智能的核心技术分支，通过让机器对大量数据进行学习，构建模型并用于预测或决策，实现对新数据的分析和处理。例如，当我们训练一个图像识别模型时，机器学习算法会分析大量标注好的图像数据，找到图像特征与类别之间的关联，从而使模型能准确识别新图像的类别。

机器学习算法具有显著的自适应性。以电商和内容平台广泛应用的推荐系统为例，面对互联网用户日均产生的数以亿计的行为数据——用户每次点击商品、页面停留时长、加购与下单操作，都构成了算法的"学习素材"。基于协同过滤、深度学习等技术，算法通过动态更新用户画像，不断优化推荐策略。比如视频平台通过分析用户观看历史、点赞、收藏行为，不仅能精准推送同类型内容，还能预测用户潜在兴趣，当用户持续观看悬疑类电影后，系统会逐步引入犯罪纪录片、侦探小说改编剧集等关联内容，推荐准确率较传统算法提升30%以上，显著提升用户黏性与转化率。并且，机器学习能够处理海量复杂的数据。例如，在金融领域，机器学习算法能够运用自然语言处理技术解析财经新闻、政策文件中的语义信息，结合时间序列分析方法处理历史价格数据，构建多维度预测模型，对股票价格走势、交易记录、宏观经济数据等进行综合分析，预测市场趋势。此外，机器学习还具备自动化决策能力，在自动驾驶场景中，汽车通过传感器收集道路信息，借助机器学习模型实时做出加速、减速、转弯等决策。

二、人工智能与机器学习的前沿发展

（一）深度学习的突破

深度学习的发展历程颇为曲折，它从早期的理论探索，历经多次突破，最终成为现代人工智能领域的中流砥柱。20世纪40~80年代是深度学习的理论萌芽与早期探索阶段。1943年，沃伦·麦卡洛克（Warren McCulloch）和沃尔特·皮茨（Walter Pitts）提出了首个神经元数学模型（M-P 模型），成功证明神经网络能够实现逻辑运算，这一成果将生物神经元抽象为二进制阈值单元，为后续人工神经网络的发展奠定了坚实的数学基础。1958 年，弗兰克·罗森布拉特（Frank Rosenblatt）发明感知机，并在 IBM704 计算机上实现了 Mark I 感知机，这是首个可学习的机器学习模型，瞬间引发了第一次神经网络热潮。步入 20 世纪 80 年代，深度学习迎来了连接主义复兴与多层网络发展阶段。1986 年，大卫·鲁梅哈特（David E. Rumelhart）、杰弗里·辛顿（Geoffrey Hinton）和罗纳德·威廉姆斯（Ronald J. Williams）发表了《通过反向传播误差学习表征》一文，为反向传播算法奠定了坚实的基础，使多层神经网络的训练成为可能，这也标志着神经网络研究开始逐渐复苏。1989 年，杨立昆（Yann Le Cun）等设计出卷积神经网络雏形，并将其应用于手写数字识别，取得了不错的效果。1990 年，杰弗里·埃尔曼（Jeffrey L. Elman）提出时序网络，为处理具有时间序列特征的数据提供了新的思路。但在这一时期，研究人员也发现了梯度消失问题，这在一定程度上限制了神经网络向更深层次发展。20 世纪 90 年代至 2006 年，深度学习进入蛰伏期与理论瓶颈阶段。当时，硬件性能不足，难以支撑大规模复杂神经网络的运算，同时大规模数据也较为稀缺，这种双重限制使深度学习的发展举步维艰。在这一背景下，统计学习方法如支持向量机（SVM）等替代模型开始占据主流。转机出现在 2006—2012 年，深度学习取得了重大突破。2006 年，杰弗里·辛顿（Geoffrey Hinton）等提出逐层预训练方法，有效解决了深度网络训练困难的问题，同时图形处理器（GPU）的引入极大地加速了训练过程。2012 年，亚历克斯·克里泽夫斯基（Alex Krizhevsky）等设计的 AlexNet 在 ImageNet 竞赛中大放异彩，其采用了 ReLU 激活函数、Dropout 等技术，使深度学习在计算机视觉领域的统治地位得以确立，也由此开启了深度学习的黄金时代。

2012 年至今，深度学习进入爆发与大规模应用阶段。2017 年，阿什维尼·瓦斯瓦尼（Ashish Vaswani）等提出 Transformer 架构，其基于自注意力机制，在自然语言处理等领域取得了革命性成果，随后基于 Transformer 架构的模型如 GPT-3、BERT 等不断涌现，推动了自然语言处理技术的飞速发展。同时，在图像识别领域，残差网络（ResNet）等跨领域模型也不断优化和创新，提升了图像识别的准确率和效率。随着分布式训练框架如 TensorFlow、PyTorch 的出现，深度学习模型的工程化与规模化得以实现，进一步加速了技术的落地应用。

（二）强化学习的兴起

强化学习的思想最早可追溯至 20 世纪 50 年代，当时数学家克劳德·香农（Claude Shannon）尝试设计一个能学习下棋的程序，提出通过奖励机制引导程序优化策略的概念，这被视为强化学习的萌芽。1954 年，亚瑟·塞缪尔（Arthur Samuel）开发的西洋跳棋程序，通过自我对弈不断积累经验，根据棋局结果调整走棋策略，实现了棋艺的显著提升，这一成果初步验证了"试错—学习"机制的可行性，引发学界对强化学习的关注。到 20 世纪七八十年代，强化学习迎来理论奠基阶段。1977 年，理查德·贝尔曼（Richard Bellman）提出的动态规划理论，为解决最优决策问题提供了数学框架，成为强化学习的核心理论基础。1988 年，杰弗里·辛顿（Geoffrey Hinton）和大卫·阿克利（David Ackley）提出的 Q-学习算法，首次将动态规划与马尔可夫决策过程相结合，使智能体无须依赖环境模型就能学习最优策略，这一突破极大推动了强化学习的发展，标志着该领域进入系统化研究阶段。然而，受限于当时的计算能力和数据规模，强化学习在实际应用中面临诸多挑战，研究进展相对缓慢。21 世纪初，随着计算机性能的提升与海量数据的涌现，强化学习进入快速发展期。2008 年，DeepMind 公司成立，专注于将深度学习与强化学习相结合，开启了技术融合创新的新篇章。2013 年，DeepMind 团队发表的深度 Q 网络（DQN），将卷积神经网络（CNN）引入 Q-学习，成功解决了传统强化学习在处理高维感知数据时的难题，使智能体能够直接从原始图像数据中学习策略，这一成果被视为强化学习发展的重要里程碑。

近年来，强化学习在理论与应用层面均取得重大突破。2016 年，DeepMind 开发的 AlphaGo 通过强化学习算法，在围棋对弈中以 4∶1 战胜世界冠军李世石，震惊全球。此后，强化学习在机器人控制、自动驾驶、资源管理等领域的应用不断拓展。例如，在机器人领域，波士顿动力公司运用强化学习训练机器人，使其能在复杂环境中完成搬运、行走等任务。在游戏领域，强化学习的应用早已超越围棋。OpenAI 开发的 Five 在 Dota2 游戏中，通过持续与自身及其他 AI 对战，不断调整英雄选择、技能释放、团队协作等策略，最终在与人类职业战队的比赛中取得胜利。这些案例表明，强化学习不仅能够在规则明确的游戏中实现超人类表现，还能应对复杂多变的动态环境，为智能决策提供全新的解决方案，也为其在更多现实场景中的应用奠定坚实基础。

（三）联邦学习的发展

2016 年，谷歌率先提出联邦学习概念，旨在解决移动设备端数据分散存储与集中训练之间的矛盾。当时，谷歌面临海量手机用户输入数据难以直接采集训练的问题，于是开发了基于设备端的联邦平均算法（FedAvg）。该算法允许手机在本地训练模型，仅上传模型参数更新信息至服务器进行聚合，既保护了用户隐私，又实现了数据的联合利用。随着数据安全与隐私保护需求日益迫切，2018—2020 年，联邦学习进入快速发展阶段。学术界和企业界开始关注异构数据场景下的联邦学习技术。这一时期，多家科技公司和研究机构开始尝试将联邦学习应用于医疗、金融等领域，如在医疗影像诊断中，不同医院利用联邦学习联合训练模型，避免了患者病历和影像数据的直接流通，同时提升了疾病诊断的准确率。2021 年至今，联邦学习迈入标准化与产业化阶段。国际标准化组织（ISO）、电气和电子工程师协会（IEEE）等组织相继发布联邦学习相关标准，推动技术规范化。同时，联邦学习框架不断完善，开源框架如 Tensor Flow Federated、FATE 等被广泛应用，降低了技术落地门槛。

联邦学习解决了数据孤岛问题，在不交换原始数据的前提下，实现多个参与方的数据联合建模。例如，在金融行业，多家银行在保障数据安全的基础上，利用联邦学习共享用户信用数据。银行各自拥有不同地区、不同客户群体的信用记录，包括还款历史、消费行为、资产状况等信息。传统模式下，这些数据因隐私和安全问题难以整合。而通过联邦学习，各银行在本地对数据进行加密处理和模型训练，仅将加密后的模型参数上传至联邦学习平台。平台通过聚合这些参数，构建出一个融合多方数据特征的信用评估模型，极大地提升了信贷风险评估的准确率。此外，基于联邦学习构建的模型还能挖掘出更多有价值的信息，如发现不同地区用户信用行为的差异，为银行制定差异化信贷策略提供依据，推动金融服务的创新与发展。

三、人工智能与机器学习：引领数字经济的创新变革

党的二十届三中全会强调"完善生成式人工智能发展和管理机制"，将人工智能定位为驱动高质量发展的核心引擎，提出通过技术革命性突破重构产业竞争优势，为突破逆全球化技术封锁、重塑全球价值链提供了战略指引。根据中国信息通信研究院《人工智能发展报告（2024年）》，IDC预测2024年全球人工智能产业规模达6233亿美元，同比增长21.5%。2025年，全球市场规模预计突破2.3万亿元（约3500亿美元），北美和中国为最大市场参与者，合计占比超70%。人工智能与机器学习通过模拟人类的智能行为，实现对数据的学习、推理和决策，极大推动了产业的智能化升级。

人工智能与机器学习推动制造业生产智能化转型。人工智能与机器学习作为前沿技术，正通过构建数据驱动的智能决策体系，重塑制造业生产全流程。其核心机制在于通过算法模型对海量数据的深度挖掘与学习，将生产过程中的隐性知识显性化，实现资源优化配置与精准决策，推动制造业向智能化、柔性化方向升级。在生产环节，人工智能与机器学习助力企业实现设备的智能运维。人工智能与机器学习构建起"感知—分析—决策—执行"的智能闭环。以富士康为例，其利用机器学习算法对生产设备的运行数据进行分析，可以提前预测设备故障，安排维护计划，减少设备停机时间，提升生产效率。在质量检测方面，机器视觉技术借助深度学习模型，快速准确地识别产品缺陷，保障产品质量。同时，通过对市场需求数据的分析，企业能优化生产计划，实现柔性生产，满足消费者个性化需求。

特斯拉的人工智能应用实践

特斯拉作为汽车行业数字化转型的领军企业，在自动驾驶和生产制造领域广泛应用人工智能与机器学习技术。

自动驾驶技术。特斯拉的Autopilot自动驾驶辅助系统利用摄像头、雷达等传感器收集道路信息，借助深度学习算法对数据进行分析，实现对车辆周围环境的感知、决策和控制。通过持续收集全球用户的驾驶

数据，特斯拉不断优化算法，提升自动驾驶的安全性和可靠性。目前，特斯拉正在研发更为先进的完全自动驾驶（FSD）功能，有望推动汽车出行方式的根本性变革。

生产制造优化。在生产制造环节，特斯拉运用机器学习算法对生产流程进行优化。通过分析生产数据，预测设备故障，提前进行维护，减少生产中断。同时，利用机器学习实现供应链管理的智能化，依据生产需求和市场变化，合理安排原材料采购和库存管理，降低生产成本，提升生产效率。

（资料来源：根据特斯拉官网相关资料整理。）

人工智能与机器学习推动服务业提升服务质量与效率。在数字经济蓬勃发展的当下，服务业正经历着由人工智能与机器学习驱动的深刻变革。这些前沿技术通过构建智能化的数据分析与决策体系，重塑服务流程，从根本上提升服务质量与效率。其核心作用机制在于，借助强大的算法模型挖掘海量数据中的潜在规律与价值信息，将传统服务中的经验判断转化为数据驱动的精准决策，进而实现服务流程的优化与创新。在金融领域，人工智能与机器学习为风险评估和投资决策提供支持。以蚂蚁金服的芝麻信用为例，其通过分析用户多维度数据，运用机器学习算法评估用户信用风险，能够为金融机构提供信用参考；医疗行业可以借助人工智能实现疾病的早期诊断和精准治疗。例如，IBM Watson for Oncology 通过学习海量医学文献和病例数据，为医生提供个性化的治疗方案建议，提高诊断准确性和治疗效果。此外，人工智能还可用于医学影像分析，帮助医生快速检测病变，缩短诊断时间；零售企业则可以利用机器学习算法进行销售预测，合理安排库存，降低库存成本。亚马逊利用机器学习技术，为用户提供个性化推荐服务，极大提升了用户购买转化率，巩固了其在电商领域的领先地位。

人工智能与机器学习提升政府数字化治理水平。在数字化时代浪潮下，政府治理模式正经历从传统管理向智能治理的深刻变革。人工智能与机器学习作为核心技术驱动力，能够通过构建数据感知、分析决策、协同执行的智能化体系，重塑政府治理流程，显著提升治理效能。其本质是通过算法模型对海量异构数据的深度挖掘与学习，将分散的信息资源转化为科学决策依据，实现治理从经验驱动向数据驱动、被动响应向主动预防转变。以城市交通管理为例，通过分析交通流量数据，利用机器学习算法优化交通信号灯配时，能够极大地缓解交通拥堵。在治安防控领域，基于视频监控数据，人工智能技术可实现智能预警和犯罪行为分析，提升城市安全保障能力。此外，政府可以借助人工智能提升政务服务效率，通过智能客服解答市民咨询，实现政务服务的全天候在线响应。

第三节　物联网与智能设备

在数字经济浪潮中，物联网与智能设备作为关键技术，通过构建连接物理世界与数字世界的桥梁，正以迅猛之势推动各行业的数字化转型，重塑经济发展模式，成为数字经济发展的重要驱动力。

一、探索物联网与智能设备

物联网通过将传感器、射频识别、二维码等信息传感设备，按约定的协议与互联网连接，实现物与物、人与物之间的信息交换和通信。物联网的技术架构包含感知层、网络层和应用层。感知层负责采集物理世界的数据，如温度、湿度传感器；网络层则实现数据的传输，涵盖5G、NB-IoT等通信技术；应用层则将数据转化为实际价值，服务于不同行业。

智能设备是物联网的终端节点，具备感知、计算、通信等能力，能根据环境变化自动做出响应。比如，智能门锁通过生物识别技术验证用户身份，自动开锁，并将开锁记录上传至云端，方便用户管理家庭安全。物联网为智能设备提供数据交互的平台，使设备能突破自身局限，实现更强大的功能。智能设备则是物联网的具体执行者，收集数据并执行指令。以智能照明系统为例，智能灯泡作为智能设备收集光照强度、人员活动等信息，通过物联网上传至控制平台，平台分析数据后，向灯泡发送指令，调节亮度与开关状态，实现节能与便捷的照明服务。

二、物联网与智能设备的前沿发展

随着物联网设备数量的爆炸式增长，边缘计算与物联网的融合越发紧密。边缘计算作为一种新型计算范式，将数据处理、存储和分析能力下沉至网络边缘，即靠近数据产生的源头，包括智能终端、网关、基站等设备。这种架构变革极大地优化了数据处理流程，数据无须全部上传至云端，在本地边缘节点就能完成绝大部分数据的实时处理，不仅极大减少了网络传输压力，还极大地缩短了数据响应延迟时间，满足了工业控制、自动驾驶等对实时性要求极高的场景需求。

人工智能物联网（AIoT）作为物联网发展的高级阶段，深度融合了人工智能与物联网技术，赋予设备自主感知、分析和决策的能力。在工业4.0的背景下，AIoT技术在工业制造领域展现出巨大价值。以汽车生产线为例，部署在生产设备上的传感器、视觉摄像头等物联网设备，能够实时采集设备振动频率、温度、电流等数百项运行参数，以及零部件的外观缺陷、装配精度等视觉数据。AIoT平台通过深度学习算法对这些数据进行特征提取和模式识别，构建设备健康度评估模型。此外，AIoT还能实现生产流程的动态优化，根据订单变化和设备状态自动调整生产排程，提升产能利用率。

智能设备正向着多功能集成、场景化服务的方向演进。这一趋势的背后，是消费者对于便捷、高效、个性化生活体验的强烈追求，以及技术持续创新带来的强大驱动力。以华为Watch系列智能手表为例，其不仅集成了高精度心率传感器、睡眠监测模块，能够实现24小时连续健康监测，还搭载了独立通信芯片和NFC模块，支持移动支付、公交地铁刷卡等便捷功能。同时，通过与华为运动健康生态的深度融合，手表可联动智能体脂秤、跑步机等设备，为用户提供运动计划制定、健康风险评估等个性化服务。

三、物联网与智能设备：构建万物互联的数字世界

物联网通过将传感器、射频识别、二维码等信息传感设备，按约定的协议与互联网连接，实现物与物、人与物之间的信息交换和通信。"十四五"规划将物联网列为七大数字经济重点产业之一，推动其在市政、交通、工业等领域的深度应用，并明确推动核心技术创新，协同发展云服务与边

缘计算服务，培育车联网、医疗物联网、家居物联网产业，重点发展工业互联网平台和"工业互联网+智能制造"产业生态。根据 IDC 发布的《全球物联网支出指南》，2024 年中国物联网支出规模预计达到 1982.5 亿美元，较 2023 年增长 13.2%。预计 2028 年中国物联网投资约为 3264.7 亿美元，2023—2028 年的复合年增长率为 13.3%（见图 8-2）。随着人工智能技术的成熟，在 AI 和 5G 的共同加持下，IoT 有望进入更广阔的市场应用。

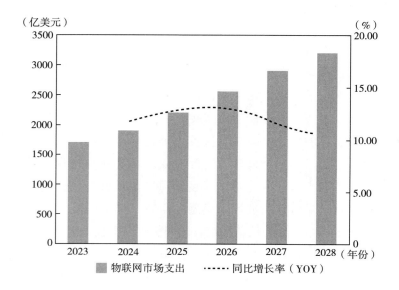

图 8-2　2023—2028 年中国物联网市场支出预测

资料来源：IDC2024 年发布的《全球物联网支出报告（第一版）》。

在工业领域，工业物联网（IIoT）通过将传感器、通信模块、云计算和大数据分析等技术深度融合，实现了生产设备的智能化管理和远程监控，成为推动数字经济发展的核心引擎。其赋能数字经济的底层逻辑，源于对工业生产全流程数据的深度挖掘与价值转化，从设备互联、数据采集到智能决策，形成了一套完整的价值创造体系。在农业领域，物联网技术实现了精准农业生产。通过在农田中部署传感器，实时监测土壤湿度、温度、光照等环境参数，根据数据自动控制灌溉、施肥等农业生产活动，物联网技术提高了农业生产的精细化水平，降低了资源消耗。智慧供应链依托先进的数字技术、信息技术和共享平台，对供应链中的资本流、物流、信息流进行整合，实现供应链全流程的互相联通，使实体经济企业供应链实现决策智能化、运营可视化、要素集成化和组织生态化管理。

物联网技术构建起工业生产的神经感知网络，智能设备则作为网络中的关键节点，承担着数据采集与交互的重任。例如，在生产车间，智能传感器被广泛部署于生产设备、流水线、仓储系统等环节。温度传感器实时监测设备运行温度，当超过预设阈值时，立即通过物联网将异常数据传输至中央控制系统；振动传感器通过捕捉设备振动频率与幅度的细微变化，提前预警机械部件磨损、松动等潜在故障。智能电表、水表等计量设备，则精确记录各生产环节的能耗数据，为企业能源管理提供翔实依据。

海尔卡奥斯工业互联网平台

卡奥斯 COSMOPlat 是具有中国自主知识产权、引入用户全流程参与体验的工业互联网平台。平台以共同进化、增值分享为宗旨，通过大规模定制的模式创新、信息技术与制造技术相融合的技术创新，以及跨行业、跨领域的小微创业机制创新，成为一个多边交互、增值分享的赋能平台，新物种不断涌现的孵化平台，以及各类创客创业创新的双创平台。

海尔卡奥斯工业互联网平台基于物联网与智能设备技术，构建了开放的工业生态系统。在生产环节，卡奥斯通过智能设备实现对生产设备的全生命周期管理，实时采集设备的运行数据，利用大数据分析和人工智能算法优化生产流程，提高设备的利用率和生产效率。在用户交互方面，卡奥斯搭建用户交互平台，收集用户的个性化需求，并将需求反馈到生产端，实现大规模定制生产。例如，消费者可通过平台定制个性化的家电产品，从外观设计到功能配置都能按需选择，满足多样化的消费需求。此外，卡奥斯还通过工业互联网平台整合供应链资源，实现供应商、生产商和销售商之间的信息共享与协同合作，提升整个供应链的效率，推动产业集群的数字化转型。

图 8-3 为海尔卡奥斯工业互联网平台生态体系示意图。

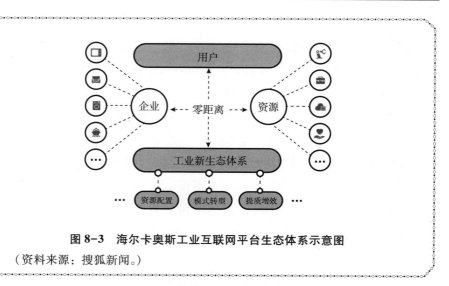

图 8-3 海尔卡奥斯工业互联网平台生态体系示意图

（资料来源：搜狐新闻。）

在消费领域的数字化变革进程中，物联网与智能设备的深度融合，正以前所未有的方式重塑用户生活体验。这种融合打破了传统设备间的物理隔阂，通过构建互联互通的智能生态系统，将家居、出行、娱乐等生活场景转化为高度自动化、个性化的智能服务，让科技真正服务于生活品质的提升。以小米智能家居生态系统为例，用户可通过手机 App 或语音指令控制智能音箱、智能摄像头、智能窗帘等多种设备，实现远程操控、场景联动。下班途中，用户通过手机就能打开家中的空调、热水器，到家即可享受舒适的环境。

公共服务领域，物联网与智能设备的深度融合成为提升治理效能的关键引擎。构建起以数据为纽带、技术为支撑的智能化、精细化的公共服务体系，从城市建设到医疗服务，全方位重塑着公共服务的模式与质量。在智慧城市建设中，物联网与智能设备构建起覆盖全域的感知网络，实现城市运行状态的实时监测与精准管理。在城市环境监测方面，各类传感器如同城市的"神经末梢"，日夜不停地收集环境数据。

第四节　区块链技术及其应用

在数字经济的宏大版图中，区块链凭借独特的技术特性，为各行业带来了新的发展契机，深刻改变了传统的生产关系与商业模式，成为推动数字经济高质量发展的重要技术力量。

一、认识区块链技术

区块链，是分布式网络、加密技术、智能合约等多种技术集成的新型数据库软件，具有去中心化、共识可信、不可篡改、可追溯等特性，主要用于解决数据流通过程中的信任和安全问题。区块链本质上是一种去中心化的分布式账本技术，由多个节点共同参与，通过密码学技术确保数据的安全性和完整性。其核心架构包含数据层、网络层、共识层、激励层、合约层和应用层。数据层封装了底层数据区块以及相关的数据加密和时间戳等技术；网络层则负责实现节点之间的信息传播和交互；共识层通过共识算法解决节点间的数据一致性问题，常见的共识算法有工作量证明（PoW）、权益证明（PoS）等；激励层通过经济激励机制鼓励节点参与区块链的维护和运行；合约层支持智能合约的编写和执行，实现自动化的业务逻辑；应用层则面向实际的业务场景，提供各种应用服务。

去中心化、不可篡改和可追溯是区块链技术的显著特点。区块链网络中不存在中心化的管理机构，各个节点地位平等，共同维护账本的更新。以比特币为例，全球众多矿工节点通过竞争计算，共同验证交易的合法性，这种去中心化的特性避免了单点故障，提高了系统的稳定性和可靠性。区块链采用密码学技术对数据进行哈希运算，每个区块都包含前一个区块的哈希值，形成链式结构。一旦数据被记录在区块链上，就难以被篡改，因为篡改一个区块的数据需要同时篡改后续所有区块的数据，这在计算上几乎是不可能的。这种特性保证了数据的真实性和完整性。此外，区块链的链式结构使得数据具有可追溯性，通过查询区块链上的交易记录，可以清晰地了解数据的来源和流转过程。在供应链管理中，这一特性可用于追踪商品的生产、运输和销售环节，确保商品的质量和真实性。

二、区块链技术的前沿发展

（一）性能与可扩展性提升

随着区块链应用的不断普及，性能和可扩展性成为关注的焦点。以太坊 2.0 通过引入权益证明共识机制和分片技术，提高了交易处理速度，降低了能耗。分片技术将区块链网络划分为多个分片，每个分片可以独立处理交易，从而实现并行计算，大幅提升了系统的吞吐量。此外，一些新兴的区块链项目如 Solana，采用独特的共识算法和架构设计，实现了高并发的交易处理，每秒可处理数千笔交易，为大规模商业应用提供了可能。

（二）跨链技术发展

不同区块链之间的互联互通需求日益增长，跨链技术应运而生。跨链技术允许不同区块链之间进行资产转移、数据共享和业务协作。例如，Polkadot 通过中继链连接多个平行链，实现了不同区块链之间的互操作性。在跨链技术的支持下，企业可以在不同的区块链平台上开展业务，打破了区块链之间的"孤岛效应"，促进了区块链生态的繁荣。

（三）隐私保护增强

在区块链应用中，数据隐私保护至关重要。零知识证明、同态加密等技术为区块链的隐私保护提供了解决方案。零知识证明允许证明者在不向验证者泄露任何有用信息的情况下，使验证者相信某个论断是正确的。在金融领域，这一技术可用于保护客户的交易隐私，同时确保交易的合法性和安全性。

三、区块链对数字经济的赋能

在金融领域，区块链重塑了信任与效率。区块链是一种去中心化的分布式账本技术，具有去中心化、不可篡改、可追溯等特点。在数字经济中，区块链技术通过建立信任机制，降低交易成本，提高交易效率。传统跨境支付流程烦琐、周期长、费用高，而区块链技术为跨境支付带来了新的解决方案。例如，Ripple 公司利用区块链技术搭建跨境支付网络，实现了实时、低成本的跨境资金转移。通过 Ripple 网络，金融机构可以直接进行点对点的支付，无须通过中间银行进行清算，大大缩短了支付周期，降低了支付成本。供应链金融中，中小企业常因信用不足难以获得融资。区块链技术通过记录供应链上的交易数据，实现了信息的透明化和可追溯，为中小企业提供了可信的信用背书。例如，蚂蚁链推出的双链通平台，通过区块链技术将核心企业的信用传递给供应链上的中小企业，帮助中小企业获得银行的融资支持，解决了中小企业融资难、融资贵的问题。

在供应链管理领域，区块链保障了商品质量，提高了流通效率。例如，采用区块链技术对食品供应链进行管理，可从农产品的种植、采摘到加工、运输和销售，所有环节的数据都被记录在区块链上。消费者通过扫描商品的二维码，就可以获取商品的详细信息，包括产地、生产日期、运输路径等，确保了食品安全。同时，区块链技术优化了供应链的物流管理，通过实时共享物流信息，实现了货物的精准追踪和调度，提高了供应链的效率。

在政务服务领域，区块链有利于提升治理效能与透明度。在政务数据共享方面，区块链技术可以解决数据安全和信任问题，实现政务数据的跨部门共享。例如，深圳市利用区块链技术搭建政务数据共享平台，通过区块链的不可篡改和可追溯特性，确保了数据在共享过程中的安全性和真实性，提高了政务服务的效率。在电子政务领域，区块链技术还可用于电子证照的管理，实现证照的数字化存储和验证，方便企业和群众办事。

在版权保护领域，区块链技术通过记录作品的创作和传播过程，为版权所有者提供有效的版权保护。例如，通过区块链技术，作者的作品一经创作，其版权信息就被记录在区块链上，当作品被侵权时，可通过区块链上的记录进行维权。

第九章　数字经济的影响

　　数字经济重塑社会运行范式,通过数据要素和数字技术创新驱动产业升级催生新业态,重构就业形态和创造新的就业空间,并加速经济发展方式绿色化转型,助力实现包容性增长与可持续发展。首先,探讨了数字经济引发的数字产业化和产业数字化变革,其构成产业体系现代化演变的重要路径机制。随后探究数字经济驱动产业结构现代化演变的动力源泉。其次,探析了数字经济的社会福利效应,即其引发的产业结构现代化变革催生新职业,有利于实现高质量充分就业和优化收入分配。再次,聚焦数字经济的生态福利效应,其对经济发展方式的绿色化变革产生重要影响,对绿色决策、绿色技术创新和绿色生产消费起到重要支撑作用。最后,聚焦数字经济发展所带来的数字鸿沟问题及其现实挑战,提出数字鸿沟的治理路径。

第一节　数字经济驱动产业体系现代化

一、数字经济驱动产业结构升级的路径机制

　　数字产业化和产业数字化是数字经济驱动产业升级的主要路径。数字产业化是为传统产业数字化变革提供数字技术、产品、服务、基础设施和解决方案,以及完全依赖数据要素和数字技术创造数字使用价值的产业经

济形态。2023 年，中国数字产业化规模达到 10.1 万亿元，同比名义增长 9.57%，占 GDP 的比重达到 8.01%（见图 9-1）。实现数字产业化变革的根本动力需要持续开展数字技术创新和数字商业创新。一方面，由于互联网、大数据、人工智能等数字技术的发展推动数字产业价值创造能力不断提升，并与传统产业深度融合形成新产业、新业态、新模式。另一方面，数字产业化也是数据价值由"数据资源—数据产品—数据知识信息—数据驱动商业"不断深度释放的过程。尤其是在数字技术创新与数字商业创新协同演进的驱动下，数字产业化能够突破商业机会有限性约束和数字生产的可能性边界约束，促进数据价值的不断释放。

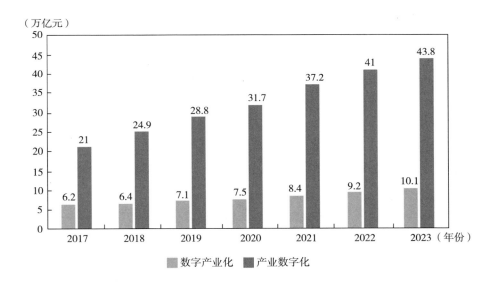

图 9-1 数字产业化和产业数字化的规模演变

资料来源：中国信息通信研究院发布的《中国数字经济发展研究报告（2024）》。

产业数字化是传统产业与数字产业深度融合涌现的新产业形态，是数字经济赋能高质量发展的重点领域。2023 年，中国产业数字化规模为 43.8 万亿元，同比名义增长 6.90%，占 GDP 比重达到 34.77%（见图 9-1）。驱动数字产业化发展，要实现数据要素与传统产业深度融合，加快推动供应链数据互联互通，实现供应链纵向联通和横向协同，提升资源配置效率和促进产业资源整合。同时，运用数据要素和数字技术与实体经济活动深度融合，促进数据要素渗入研发、设计、制造、营销等各环节，通过催生新产品、新流程、新模式提升传统产业经济效率和促使传统产业组织变革。最后，数字经济通过与服务业尤其是生产性服务业融合，带动金融、商贸、交通运输、科技服务等的数字化转型升级，使农业、制造业等传统产业价值链向服务业延伸，促进三大产业融合发展。

二、数字经济驱动产业变革的动力来源

（一）技术创新与产业变革

数字技术是数字经济时代新质生产力的典型代表，是新型劳动者重要的新型生产工具，能够改造更广范围的劳动对象，是实现产业结构转型升级的"第一动力"。

人工智能与传统产业深度协同，促进了传统产业的新质化变革，甚至人工智能在部分场景已经替代人类劳动者成为新型劳动者。当前，中国经济增长存在"结构性减速"问题，原因在于中国的生活性服务业是劳动密集型产业，难以形成规模经济，导致经济增速下降，面临"鲍莫尔成本病"，传统技术进步对此类产业的劳动生产率提升具有有限驱动作用。然而随着人工智能等数字技术的发展成熟和广泛应用，能够显著改善上述困境。一方面，从内生增长模型来看，人工智能技术是驱动经济内生增长的关键动力，其有效应用能够扩大经济产出或提升生产效率（Acemoglu and Restrepo，2018）。原因在于人工智能等数字技术为人们提供了新的生产工具，能够自动化处理生产过程中的程序性工作，扩大了生产可能性边界，因而推动总产出提升。另一方面，人工智能等的数字技术创新对生活性服务业具有显著的效率提升作用，其能够在教育、医疗、商务、法律、金融等领域的部分场景与人类劳动形成"人机协同"甚至完全代替人类劳动，从而极大提升了生活服务业的劳动生产率。因此人工智能等数字技术的创新演化能够改变传统产业"效率增长瓶颈"，从而对传统产业转型升级产生极大的驱动效能。

（二）数据生产要素与产业变革

人工智能等数字技术的快速发展和生成式大语言模型的广泛部署应用，

进一步推动了数据要素的开发利用和价值释放，数据成为各产业重要的生产要素，不仅有利于为经济增长提供全新的要素基础，而且能够与资本、劳动、知识、管理等传统生产要素有机融合，缓解传统要素对产业发展贡献的下降趋势，提升传统生产要素的边际报酬。根据 IDC 的数据预测，中国数据量规模将从 2022 年的 23.88ZB 上升至 2027 年的 76.60ZB（见图 9-2），居全球第一位，具有超大数据市场规模的资源优势。

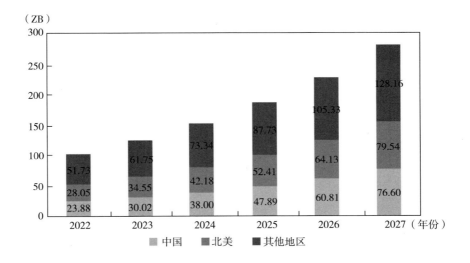

图 9-2　全球数据规模预测

资料来源：IDC：预计 2027 年中国数据量规模达 76.6ZB　年均增长速度 CAGR 达到 26.3% ［EB/OL］.（2023-06-06）. https：//www.199it.com/archives/1605238.html.

数据要素对产业转型的驱动作用主要体现于生产与创新两大经济活动（刘涛雄等，2024）。数据要素能够直接用于产业生产活动以提升生产效率（见图 9-3）。数据服务商或企业会根据需要将散落于各场景的数据信息汇集，形成多源异构的数据集合，并且会对多源异构数据进行清洗，统一数据格式标准、去除无价值信息、失真数据、冗余数据等，形成可加工的基础数据资源。随后，数据服务商或企业会根据生产需要将基础数据进行数据挖掘和分析，乃至打包形成数据产品或数据资产，能够支持企业开展各项生产活动，此时数据要素转变为数据资本。通过数据要素市场的资源配置和供需对接，数据资本进入实体经济的生产过程，成为产品制造或服务供给的重要生产要素。企业通过提供产品或服务，与消费者之间形成产品市场，使数据要素价值转变成为最终的使用价值和经济价值。在生产和消费过程中，无论是制造商还是消费者均会在不同场景下产出新的信息，此类"场景信息"是经济活动的副产品，又会成为数据市场的基础资源，一旦被企业采集和存储，就会成为数据要素进入数据加工过程并向数据资本演化。数据要素通过上述过程嵌入生产活动中，成为驱动产业转型和产品升级的资源基础。

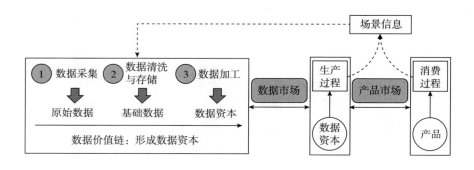

图9-3　数据进入生产活动的过程

资料来源：刘涛雄，张亚迪，戎珂，等．数据要素成为中国经济增长新动能的机制探析[J]．经济研究，2024（10）：19-36.

　　数据成为引领科技革命和技术变迁的战略性生产要素。高维大数据能够揭示复杂的因果关系，也能够展现复杂知识空间中的新组合方式，推动改变传统的知识重组和技术创新过程。同时，数据资源的共享互联成为联通多元创新主体的重要桥梁，促进了知识的传递和共享，使得创新边界趋于模糊性、创新主体趋于开放性、创新过程趋于自生长性、创新组织趋于生态化（柳卸林等，2020）。这不仅能够提升科技创新效率，而且有助于推动颠覆式创新涌现和创新成果的扩散应用。此外，人机协同也越发成为科技创新的"新常态"。例如，在生物科技领域，能够基于生物医药大数据和人工智能等技术，让机器承担化学成分重组和模拟实验等程序性工作，筛选最优成分组合，从而降低研发成本、提升创新效率，并且将人类研发能力解放并集中到原始创新中，进一步推动创新分工的深化。

（三）数字经济驱动形成现代化产业生态

数字经济有利于驱动形成现代化产业生态体系，提升产业链韧性。数字产业是数字经济的核心构成，而数字产业的高质量发展能够对现代化产业体系形成补点、建链和固网效应（周密等，2024）。在缺少数字产业的初始状态下，传统的非数字产业联系较少，各产业内部形成经济闭环，产业间互动不足和融合不深。但随着数字产业的出现，数字技术逐渐向非数字产业渗透，非数字产业也作为数字产业的上游参与生产，数字产业和非数字产业之间的链接逐渐密集。一方面，能够显著降低非数字产业的生产成本；另一方面，也能够促进数字产业的技术应用和价值扩散，从而两者之间从单向链接逐步转变为双向互动，形成实数融合的产业结构。随着非数字产业自身的数字化转型和生产成本下降，非数字产业之间也会建立双向互动联系，形成产业链网络更加密集的产业生态系统，产业网络体系更加稳固（见图9-4）。因此，数字产业通过补点、建链和固网，有效提升了现代产业体系的产业链韧性。

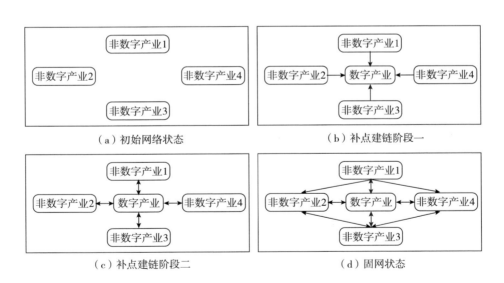

（a）初始网络状态　　　　　　　（b）补点建链阶段一

（c）补点建链阶段二　　　　　　（d）固网状态

图9-4　数字产业赋能现代化产业体系韧性提升

资料来源：周密，郭佳宏，王威华. 新质生产力导向下数字产业赋能现代化产业体系研究——基于补点、建链、固网三位一体的视角［J］. 管理世界，2024（7）：1-26.

中远海科打造航运产业链网络生态

中远海运科技股份有限公司（以下简称中远海科）隶属于中国远洋海运集团（以下简称中远海运集团），是专业从事航运科技及数字化解决方案的二级公司，也是中远海运集团唯一的高科技上市企业，承担了集团数字化转型的重任，致力于成为交通与航运科技创新和数字化产业的标杆企业。

中远海科通过建立航运物流云、汇集航运大数据、创新航运人工智能的方式，为航运产业提供了数字化的新基建。以低成本、智能化且灵活的方式赋能航运业，"船视宝"平台应运而生，该平台功能复杂，覆盖了航运业的方方面面，成为航运产业数字化转型的核心引擎。航运宝汇聚全球25万+商船、5000+港口、45000+泊位数据，形成近亿条全球"港航货"数字全景情报库；研发200+智能算法模型，提供1300+开放 API 接口服务，打造多个 SaaS 化服务产品，累计申请77项发明专利，38个软件著作权，服务1000+企业客户。航视宝通过整合航运产业大数据和开发人工智能算法，能够将装备租赁、船队运营、后勤补给、港口管理等核心产业链整合在数字平台生态之中，构成航运产业网络，航运企业能够基于航运宝全球配置航运资源，极大提升了航运产业链供应链韧性。

（资料来源：根据中远海运科技股份有限公司官网、全球产业链供应链数字经济大会组委会等编写的《2022产业链供应链数字经济创新应用示范案例集》整理。）

第二节　数字经济与就业

一、数字经济与新职业

高质量充分就业是提振内需、维持社会稳定的重要基石。数字经济的高速发展催生了新产业、新业态和新模式，成为促进充分就业的重要引擎。

进入数字经济时代，工作场景不断微型化、虚拟化，新的职业选择不断涌现扩展。数字经济催生的新职业是数字化浪潮下社会分工深化的新产物。尤其随着数字经济成为继农业经济、工业经济后的主要经济形态，数据要素越成为重要的生产要素，数字技术成为新质生产力，数字化劳动逐渐成为新职业的典型代表。一方面，新职业的劳动过程呈现数字化变革趋势，表现为劳动工具数字化、劳动对象数据化、劳动机会大众化；另一方面，新职业劳动关系从传统的雇佣关系向合作、赋能与使能的关系转变，而这一转变进一步促进了组织平台化和资源共享化，从而催生新型生产关系。新型生产关系强调生产资料优化配置、生产过程智能化管理以及生产成果共享共赢。劳动者享有更高的自主权和选择权，而监督考核则从事后绩效评价向全过程实时监控和动态优化转变。自 2015 年以来，中国人力资源和社会保障部已共计发布六批 93 个新职业（见表 9-1），其中有 44 个新职业与数字经济直接相关，在已发布的新职业中占比达到 47.3%。

表 9-1 2015—2024 年新职业发布概况

批次/时间	新职业	主要特征
第一批（13 个）/ 2019 年 4 月	人工智能工程技术人员、物联网工程技术人员、大数据工程技术人员、云计算工程技术人员、数字化管理师、物联网安装调试员、建筑信息模型技术员、电子竞技员、电子竞技运营师、无人机驾驶员、农业经理人、工业机器人系统操作员、工业机器人系统运维员	• 技术驱动型职业集中涌现 • 传统产业数字化转型高度相关 • 数据要素开发利用与深度价值挖掘成为新职业重点 • 跨界职业和复合型技能成为新趋势
第二批（16 个）/ 2020 年 2 月	智能制造工程技术人员、工业互联网工程技术人员、虚拟现实工程技术人员、连锁经营管理师、供应链管理师、网约配送员、人工智能训练师、电气电子产品环保检测员、全媒体运营师、健康照护师、呼吸治疗师、出生缺陷防控咨询师、康复辅助技术咨询师、无人机装检修工、铁路综合维修工、装配式建筑施工员	
第三批（9 个）/ 2020 年 7 月	区块链工程技术人员、城市管理网格员、互联网营销师、信息安全测试员、区块链应用操作员、在线学习服务师、社群健康助理员、老年人能力评估员、增材制造设备操作员	

批次/时间	新职业	主要特征
第四批（18个）/2021年3月	集成电路工程技术人员、企业合规师、公司金融顾问、易货师、二手经纪人、汽车救援员、调饮师、食品安全管理师、服务机器人应用技术员、电子数据取证分析师、职业培训师、密码技术应用员、建筑幕墙设计师、碳排放管理员、管廊运维员、酒体设计师、智能硬件装调员、工业视觉系统运维员	• 技术驱动型职业集中涌现 • 传统产业数字化转型高度相关 • 数据要素开发利用与深度价值挖掘成为新职业重点 • 跨界职业和复合型技能成为新趋势
第五批（18个）/2022年6月	机器人工程技术人员、增材制造工程技术人员、数据安全工程技术人员、退役军人事务员、数字化解决方案设计师、数据库运行管理员、信息系统适配验证师、数字孪生应用技术员、商务数据分析师、碳汇计量评估师、建筑节能减排咨询师、综合能源服务员、家庭教育指导师、研学旅行指导师、民宿管家、农业数字化技术员、煤提质工、城市轨道交通检修工	
第六批（19个）/2024年6月	生物工程技术人员、口腔卫生技师、网络安全等级保护测评师、云网智能运维员、生成式人工智能系统应用员、工业互联网运维员、智能网联汽车测试员、有色金属现货交易员、用户增长运营师、布展搭建师、文创产品策划运营师、储能电站运维管理员、电能质量管理员、版权经纪人、网络主播、滑雪巡救员、氢基直接还原炼铁工、智能制造系统运维员、智能网联汽车装调运维员	

资料来源：根据中国人力资源和社会保障部公开资料统计。

二、数字经济、高质量就业与收入分配

数字经济对劳动供给和需求产生复杂双向影响。从需求来看，数字技术的演化为就业带来"净增加效应"，在电子商务、数据分析、软件开发、智能制造等领域涌现大量就业机会。同时，数字技术的通用目的属性使其能够向中小微企业广泛渗透，增强了中小微企业对就业需求的辐射带动效应。根据中国信息通信研究院公布的《中国数字经济就业发展报告：新形态、新模式、新趋势（2021年）》中的数据，当前中小微企业招聘岗位占全部岗位数量比重达到34.2%，比上市公司占比高27.9个百分点。但同时，

数字技术也对传统产业就业需求形成一定冲击。制造业、服务业中具有明显程序性工作流程的岗位，正在被自动化机器人和人工智能技术等逐渐取代，要求传统产业劳动者加快开展人力资本的重构。但总体来看，数字经济对就业规模具有积极的促进作用，数字经济就业规模呈现逐年递增态势（见图9-5）。

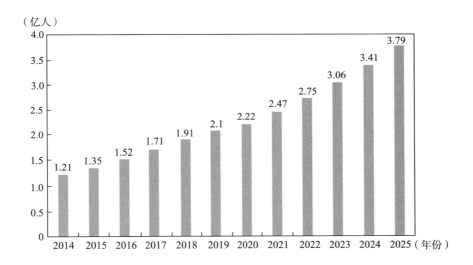

图9-5 2014年以来数字经济就业人数及预测数

资料来源：中国社会科学院财经战略研究院、中国市场学会发布的《数智化平台推动高质量充分就业报告（2024）》。

从供给来看，数字经济对就业产生的影响更加复杂。数字技术能够极大提升劳动的灵活性和自主性，催生了居家办公、数字游民、弹性工作和零工就业等新的就业形态，重塑了工作场景的时空边界和劳动关系，这有利于增加劳动力供给和共享劳动资源。数字技术也会重塑劳动结构，提升对高技能劳动者的需求，但会淘汰部分程序性的低技能劳动者，促使劳动结构转型和人力资本提升。最后，数字技术能够改变劳动意愿。由于工作形式、工作岗位、工作弹性等在数字技术影响下发生了较大变化，劳动者可以动态调整自身的劳动意愿。尤其在平台经济的支撑下，灵活就业越发成为新的就业趋势。根据中国社会科学院财经战略研究院课题组和中国市场协会发布的《数智化平台推动高质量充分就业报告（2024）》，截至2023 年，中国灵活就业人口达到 2.61 亿，约占劳动年龄总人口数量的29.7%。2021 年，61.1%的企业采用了灵活用工的模式。未来在数字经济的赋能下，劳动将成为更加弹性的生产要素，根据市场需要即时动态优化配置。

数字经济有利于提升就业质量，但同时也形成新的就业问题。一方面，数字经济改善了整体的就业环境，缩小了供需双方的信息距离，工作搜寻、工作匹配、工作招聘等的成本显著下降，工作呈现、工作地点、工作评价等更加灵活、自主和透明，不仅降低了人力资源成本，而且劳动者因为获取更高的自主性从而具有更高的就业满意度。另一方面，数字技术在就业市场的全面渗透也会引发"数字鸿沟"等新的信息不对称问题。雇用方与劳动者、劳动者与劳动者之间存在数据基础、数字能力、数字基础设施等的"数字鸿沟"，导致就业的非公平问题和买方市场的形成。同时，数字技术基于大数据和智能算法匹配劳动者可能导致就业偏见或歧视，或者难以对劳动者的情绪智力等心理能力给予客观评价，从而导致部分劳动者面临就业的"数字排斥"。

由于数字技术对就业产生的双重影响，因此可能也会对收入分配形成"双刃剑"效应。部分观点认为，数字技术可能会进一步加剧收入的不平等。数字技术创新产生的独占性和排他性使创新者能够获得垄断收益，因此导致普通劳动收益下降甚至对传统劳动形成替代，从而加剧了收入分配的不平等。此外，数字经济下大企业更容易凭借规模经济获取网络效应，或凭借数据与算法优势实施算法歧视或大数据杀熟等不正当竞争行为，以及通过价格歧视等手段转化消费者剩余和竞争者剩余为垄断利润，加剧了收入分配的不平等。但也有相反观点认为，数字技术能够缩小收入的不平等（Acemoglu and Restrepo，2019）。数字技术能够创造更加丰富的就业机会，并且其通过数字平台促进就业信息流动与共享，拓宽了劳动者对于就业信息的获取渠道，促进了未充分就业的劳动者获取更优质的工作机会。同时，数字技术能够降低培训和学习的成本，增加了教育机会和促进了教育资源共享，因而能够长期弥补人力资本差距，从而缩小劳动收入的差距。

抖音平台生态系统中的零工经济

　　短视频等内容创作型零工经济平台的出现，极大地释放了普通民众的创造力，促进了零工经济的发展。2016 年 9 月创立的抖音在最近几年实现了用户数量爆炸式增长，2018 年 6 月抖音国内日活用户破 1.5 亿，已经反超快手，一跃成为短视频行业、内容零工经济的第一平台。2020 年 1 月，抖音日活跃用户超越 4 亿，快手日活跃用户接近 3 亿。Quest Mobile 数据显示，2020 年春节期间，抖音日均用户增量超过 4000 万，且新增的用户留存率较高。

　　内容创作平台每天都有大量的内容产出，直播打赏、视频带货和广告宣传成为创作者的主要收入来源。以字节跳动旗下平台为例，2019 年在抖音平台有收入的作者数量达到 590 万，创作者总收入达到 204 亿元，在今日头条与西瓜视频有收入的作者达到 242 万，创作者总收入达到 27 亿元。今日头条各垂直分类内容增量超过 100%，对新作者冷启动非常友好，有许多新作者在第一个月就达成 10 万+阅读量。这些平台的创作者们在文化教育、美食生活、体育娱乐等领域都创作出了大量的优质内容，因而相应地获得了丰厚的收入。抖音"记录美好生活"的口号，让每个用户都能成为自媒体人，都有参与零工经济的机会。在抖音平台上，美妆博主利用抖音拍摄开箱视频，宣传平价爆款化妆品；美食博主利用抖音拍摄体验美食，推销相关美味食品；生活博主利用抖音展示不一样的生活，推广提高生活质量的温馨小物。

　　（资料来源：根据《2024 内容创作者生态报告》相关资料整理。）

第三节　数字经济与绿色发展

一、数字经济与绿色发展的协同关系

数字经济与绿色发展之间是协同发展和相互促进的关系。习近平总书记多次强调要加速数字化绿色化协同发展。首先，数字经济是绿色发展的重要技术支撑和创新动能。数字技术在生产、管理、服务、交易等领域的渗透应用，能够显著提升资源利用效率，基于大数据分析开展智能管控，从而实现精益管理。

其次，数据要素能够突破传统要素的供给约束，提升其他生产要素的生产效率。数据要素具有可复制性，其复制生产过程不会导致要素价值减损，有利于形成规模报酬递增的经济发展模式。同时，数据要素能够与其他生产要素深度融合，使劳动、资本、土地、资源等生产要素被数据表征，不仅能够通过数据分析优化传统资源配置，而且可以替代部分生产要素的投入，从而达到降本增效的绿色发展目标。

最后，数字经济为绿色发展营造广阔的经济空间。数字产业化发展带动了传统产业结构从劳动密集型、资本密集型向技术和知识密集型转变，以产业结构转型促进绿色发展。同时，产业数字化则通过实体经济与数字经济深度融合催生新产业、新业态、新模式，促进传统产业从投资驱动的粗放型发展向创新驱动的集约式发展变革。例如，在"互联网+""人工智能+"和"数据要素"的融合发展过程中，传统产业能够实现能效优化和精益化管理，发展可循环的低碳供应链，并催生一系列绿色技术创新。

二、数字经济赋能绿色发展的路径机制

数据成为绿色决策的根本依据。绿色决策是绿色发展过程中的关键活动，决定了生产过程中的要素配置和资源利用水平。以农业生产为例，农业企业需要构建农业大数据的采集、开发和利用体系，基于数据分析规划土地使用的最优方案、动态配置水和化肥等的资源投入，在保证农业产量的基础上避免资源过度使用与环境污染。人工智能大模型等技术能够发挥辅助决策功能，支持企业管理者精准识别环境约束，并在环境与资源约束下做出最优的生产决策，提高资源利用效率。

数字经济促进跨界绿色创新。数字技术能够赋能传统产业科技创新，催生环境更加友好的数智化产品。以新能源汽车为例，在数字技术、新能源和传统汽车制造等的多元融合下，汽车逐渐转变为绿色化、智能化的交通载体。一方面，数字技术支持驾驶者对汽车动力能源进行实时监测，智

能驾驶技术为驾驶者提供驾驶方案优化，显著改善了驾驶过程中的能源消耗。另一方面，数字技术支撑智慧城市和智能交通建设，通过互联网、大数据和人工智能等技术的融合应用，可以实现对城市交通的动态化监测、智能化管理和即时响应处理，有效缓解城市交通问题和提升交通安全水平，为城市居民营造了更加便捷、高效的出行环境，减少了交通领域的能源消耗和浪费。

数字平台有效引导绿色生产与消费。随着互联网信息平台融入文化体系，绿色生产、节能减排等理念在数字平台中得到广泛传播，而破坏环境、资源浪费等不良行为也会及时在互联网中被曝光，因此企业更加注重绿色生产、绿色供应链的打造，通过绿色发展行动提升自身品牌形象和竞争优势。在消费端，电子商务平台也能够积极推广环保产品，倡导绿色消费理念，降低绿色产品的渠道费用，推动电子商务供应链的绿色化转型，从而强化了消费者的绿色消费意识和行为。

数字电商助力城市实施"绿色生活季"活动

2022年8月10日，北京市开展"2022北京绿色生活季"活动。旨在提振市民消费信心，释放绿色消费潜力，推动市民绿色低碳生活方式转型。

"2022北京绿色生活季"以"绿色消费低碳生活"为主题，围绕"绿享生活、绿动京城、绿畅出行、绿唤未来、绿助光盘、绿色金融、绿游山水、绿碳积分"八大板块主题组织开展活动。

"2022北京绿色生活季"八大板块涵盖了居民生活食、住、行、游、购各领域，参与主体包括苏宁、国美、大中、京东、小鹏汽车、美团单车、华为、交通银行北京市分行、北京银行城市副中心分行等20余家企业，联动北京市百余家门店及电商平台。活动期间各个板块将相继推出不同形式的活动内容和优惠力度，包括家电以旧换新、新能源车试驾、骑行减碳量排名奖励、乘坐无人驾驶汽车与数字人民币支付、网红地标打卡等多种活动，普及绿色生活方式，倡导市民参与减碳。

"2022北京绿色生活季"将市民减碳、参与活动和绿色积分进行结合，市民参与活动的减碳量通过"绿色生活季"小程序对外展示。这款小程序运用云计算、大数据、区块链等新一代信息技术，量化参与活动企业对北京市消费端碳减排量的贡献，记录每个市民参与活动的减碳量。市民在践行绿色低碳行为获得减碳量后，还可以获得绿色积分，用来兑换活动提供的丰厚奖品。

（资料来源：根据北京市发展和改革委员会公开资料整理。）

第四节　数字鸿沟

一、数字鸿沟的概念与表现形式

数字鸿沟的概念最早出现在20世纪90年代，由美国国家远程通信和信息管理局明确提出，用以说明信息技术带来的发达地区与欠发达地区之间、拥有信息时代工具的人与未曾拥有者之间的分化现象。同时，也有研究认为数字鸿沟代表不同群体在运用数字技术等的机会和能力方面存在明显差距。因此，数字鸿沟是一个跨越多层级的复杂概念，其通常包括三大类别：第一，数字鸿沟源于信息基础设施、数字资源分布在不同地区和人群之中存在较大差异，构成一级数字鸿沟；第二，不同社会群体对互联网等数字技术和工具存在认知、能力和机会差异，在数字工具使用中存在不平等，其构成二级数字鸿沟；第三，不同地区或群体的使用者运用相同数字工具会获得不同收益，即不同群体的数字获利能力存在显著差距，其构成第三级数字鸿沟（孙晓华等，2025）。

按照信息资源享有的社会平等性，数字鸿沟表现为代际数字鸿沟、城乡数字鸿沟、产业数字鸿沟、企业数字鸿沟和区域数字鸿沟五种形式。代际数字鸿沟特指不同年龄群体因数字技术应用能力差异形成的技术落差，其本质是数字时代的技术代际断层。这种鸿沟在青年群体与老年群体间表现尤为突出，既源于学习能力和技术适应性的差异，也与老年人身体机能衰退（如触屏操作困难、认知反应迟缓、慢性病影响等）密切相关。具体表现为当年青一代熟练使用智能家居设备、在线医疗平台及人工智能助手时，老年人群体在电子政务系统操作、移动端智能服务应用等方面存在显著障碍。这种现象本质上是技术迭代加速与人口老龄化进程叠加的必然产物，折射出数字资源配置的年龄梯度差异。由于数字技能培养体系与适老化技术研发的双重缺失，老年群体往往被排除在算法推荐系统、云端数据服务等新兴技术生态之外，难以获取智慧城市建设带来的民生改善红利，最终形成数字文明演进中的"代际脱节"现象。

城乡数字鸿沟揭示的是数字化进程中城乡居民在技术接入、应用能力与基础设施配置上的系统性落差，本质上是数字文明时代的新型城乡二元结构。这种技术势差的形成机制包含三重维度：第一，经济维度的数字贫困，农村家庭在智能农机购置、物联网传感器部署等数字生产性投资上存在支付能力约束。第二，教育维度的数字素养断层，面向新型职业农民的AI技术培训体系与城市数字技能教育存在代际落差。第三，基建维度的数字排斥，农村5G基站覆盖率不足与云计算设施缺位，形成"数字新基建—传统产业"的适配断层。这种鸿沟不仅制约县域数字经济与智慧乡村建设进程，更可能通过算法用工歧视、数据要素流通壁垒等机制，固化城乡居民在数字价值链中的分工层级差异，最终成为阻碍数字中国战略纵深推进的结构性瓶颈。

产业数字鸿沟本质是数字文明演进中不同行业在技术生态位上的结构性分化，表现为传统产业与数字原生产业在智能算力配置、数据资产运营及技术融合深度层面的系统性落差。其形成机制体现为三重技术—经济范式冲突：第一，算力基建设施的梯度差。云计算节点与边缘计算终端的空间分布失衡，导致制造、农业等实体产业在实时数据分析、工业元宇宙构建等领域存在算力赤字。第二，数据要素的生态化差异。金融、科技等数据密集型行业通过用户行为画像与机器视觉采集形成数据资产沉淀，而传统产业却面临数据确权模糊与隐私计算能力薄弱的双重困境。第三，数字融合能力的代际差。具备数字孪生建模与智能体集群部署能力的新兴产业，相较依赖传统信息系统的行业形成技术代差。这种鸿沟不仅造成产业链智能协作网络的分割，更通过算法模型优化壁垒、工业互联网平台互操作障碍等机制，加剧全球价值链中的数字竞争力分化。破局之道在于构建"数字基座—智能中枢—生态网络"三位一体的转型架构，通过工业大脑中枢系统实现工艺知识图谱化，借助区块链确权机制激活产业数据资产，最终形成跨产业的数字生态共同体。

企业数字鸿沟本质是数字生态系统中不同规模市场主体间的技术代际差，表现为头部企业与中小微企业在智能技术渗透率、数据治理成熟度及组织敏捷性层面的系统性断层。传统 ERP 系统等基础数字化工具的普及率差距逐步收窄，但工业互联网平台接入率与认知自动化技术应用率的差异持续扩大。形成机制体现为三大数字能力断层：第一，数字战略的分化。头部企业构建起融合数字孪生建模与智能合约执行的数字神经中枢，具有清晰的数字化战略引领，而中小微企业仍困于传统信息化系统的孤岛式部署，数字化转型方向不清晰。第二，数字技术的鸿沟。头部企业与中小企业的传统信息技术差距虽然逐渐缩小，但在 AI、大数据等先进 ICT 技术领域的差距逐渐扩大。第三，组织流程的断层。大型企业拥有更加充足的人力资本，有能力采用敏捷开发体系，相较传统瀑布式管理组织形成响应速度优势。

区域数字鸿沟体现为全球数字经济版图中不同地域在数字基座建设与智能算法部署的系统性落差，其本质是数字文明时代的新型空间发展不平衡。区域数字鸿沟在国内区域层面则呈现为智能算力节点分布与数据要素市场化程度的梯度分化。技术决定论强调 5G 基站密度差异与边缘计算覆盖率等硬性指标会产生数据要素配置差异，直接影响区域数字竞争力、数字治理政策体系与数字文化认知水平。此外，传统的区域发展差距又会通过数字公共服务滞后、数字人才虹吸效应与智能算法偏见机制等，持续强化"核心区—边缘区"的数字依附关系，最终形成区域间的"数字分化"发展格局。

二、数字鸿沟的治理路径

（一）加强数字技术创新与普及

破解数字鸿沟需聚焦数据、算法、算力三大技术基座协同突破和推动数字技术普及应用。第一，推动数据要素流通技术的开发。构建市场化交易平台与确权机制，在保障隐私与安全前提下激活数据要素价值流转，推动政务数据开放与企业数据共享。第二，推动智能算法中枢建设和开放。强化人工智能基础模型研发，拓展工业诊断、供应链优化等场景应用，建立可解释性与公平性评估体系，构建算法备案审查制度。第三，促进算力基座均衡布局。推进云边端协同架构，加速智能芯片与量子计算突破，通过东数西算工程优化算力资源配置，弥合行业算力鸿沟。第四，强化数字技术普及应用。从个人层面来看，加强全民数字技能的教育和培训。提高全民数字素养和技能教育培训，将数字素养和技能纳入教育体系。提升数字技能实训能力。通过各种渠道和方式，加大数字技术教育和培训，包括学校教育、职业培训、在线教育等，提高人们的数字技术水平。完善数字化与智能化的学习生态。注重数字化教育资源的共建、共享。

（二）促进传统产业数字化转型升级

从数字化技术层面分析，数字经济的蓬勃发展加速了传统企业的数字化转型进程。为进一步缩小传统制造企业与数字化程度较高的新兴互联网企业之间的差距，需持续拓展人工智能、大数据、工业互联网等数字技术在企业经营管理中的应用范畴。在此背景下，应着力构建传统产业与新兴产业协同发展的生产模式，引导数字技术与数据资源向传统产业有序流动，助力其完成数字化改造升级，从而有效弥合产业间的数字差距。同时，要加快完善数字技术供给体系，提升技术创新能力，加大数字技术原始创新研发力度。此外，还需不断深化数字技术与传统产业的融合，推动传统产业向数字化、智能化、场景化方向持续迈进。

从数字化投资看，数字经济赋能传统产业转型，不仅能增强传统产业产品与服务的市场竞争力、有效解决产能过剩问题，还能为传统企业带来营收与利润的双增长。企业由此更有动力加大数字化转型投入，从而逐步消弭企业间的数字落差。与此同时，数字经济与各行业的深度交融，可降低数字技术及数据应用成本，推动传统产业与数字核心技术供应商紧密合作，提升数字化技术与服务在传统产业投入要素中的占比，扫除数字化转型的障碍，进一步拉近产业间的数字差距。基于此，需要打造契合数字经济发展需求的现代金融体系，加大金融科技研发投入，大力推广科技金融、数字金融模式，强化对中小企业数字化转型的金融扶持，切实提升中小企业数字化转型能力。此外，还应持续加大数字基础设施建设投入，既包括物联网、互联网、工业互联网等基础数字设施，提升数字基础设施的普惠性和开放性。

（三）提升全民数字素养

提升我国全民数字素养与技能有利于从根本上缓解各层面的数字鸿沟，需要构建可持续发展的数字素养与技能的培育体系。一是要全面强化大众的数字化应用水平。当下，缩小数字鸿沟的重点已从解决"网络接入差异"，逐步转移到消除"技术使用差距"与"成果产出落差"，因而提升全社会数字素养变得尤为关键。提升数字能力需建立数字化思维，把握数字发展规律，全方位培养民众的数字化生活适应力、学习吸收力、工作实践力与创新创造力。二是应把数字素养与技能培育融入国民教育体系。通过加强针对性数字技能培训，提升不同群体运用数字技术与设备的实操水平，强化数字技能实训环节，为数字社交与数字消费营造良好环境。三是需健全数字学习服务生态。构建覆盖广泛的数字教育培训网络，完善专业化数字技能职业教育体系，推进数字应用适老化改造，扩大数字公共服务覆盖面，以此推动全民终身数字学习体系的建设与完善。

（四）弥合区域与城乡数字鸿沟

从区域经济角度来看，我国东部、中部、西部地区经济发展水平的差异导致了数字基础设施发展水平在区域间的差异，东部地区的经济实力更强，在数字基础设施方面的投入更多，其数字化水平更高，而中西部地区的数字设施水平低于东部地区，数字化转型的进程受到数字基础设施发展水平的影响，从而导致区域间的数字鸿沟产生。对此，应加快中西部经济欠发达地区数字基础设施建设步伐，大力推动其数字化转型进程，着力缩减区域间在数字基础设施方面的差距，这对于弥合区域之间的数字鸿沟具有重要意义。

从城乡二元结构来看，城市与农村在数字经济设施建设方面存在显著落差，这种差距在很大程度上加剧了城乡之间的数字鸿沟。强化农村地区数字经济基础设施建设，能够助力农村居民和涉农企业跨越因信息通信技术（ICT）接入不均而形成的数字壁垒，让农村群体充分共享数字经济发展成果，为缩小城乡数字差距筑牢硬件根基。为实现这一目标，一方面要加快农业物联网、人工智能等新型基础设施在农村的规划与建设，推动城乡数字基础设施实现互联互通，积极将大数据、物联网等前沿数字技术引入农业生产领域，构建城乡协同、深度融合的数字经济发展新格局。另一方面需重视提升农村居民的数字素养，加大农村数字经济领域的教育培训力度，以数字乡村建设为抓手，切实消除城乡数字鸿沟。

第十章　数字经济的发展战略

当前，数字经济已成为全球经济增长的新引擎和国际竞争的新领域，各国纷纷制定数字经济发展战略，以抢占新一轮经济发展的战略制高点。中国将数字经济发展提升为国家战略高度，持续推动数字产业化和产业数字化深度融合，以数字技术赋能实体经济，实现经济转型升级。本章将从数字经济政策支持与制度保障、创新生态与产业集群及全球合作与竞争多个维度展开全面分析，系统阐述数字经济发展战略的实施路径。

第一节　数字经济政策支持与制度保障

一、我国数字经济发展战略概述

数字经济已经成为继农业经济、工业经济之后的主要经济形态，对推动高质量发展具有战略意义。各国纷纷制定数字经济发展战略，中国也将数字经济提升到国家战略高度。党的十九届五中全会和党的二十大报告都明确提出要发展数字经济，推进数字产业化和产业数字化，深化数字技术与实体经济融合，打造具有国际竞争力的数字产业集群。为落实这一要求，国务院于 2022 年 1 月印发《"十四五"数字经济发展规划》，系统部署了我国数字经济未来五年的发展目标、重点任务和保障措施。该规划以数据为关键要素，以数字技术与实体经济深度融合为主线，提出坚持"创新引领、融合发展，应用牵引、数据赋能，公平竞争、安全有序，系统推进、协同高效"的基本原则。

《"十四五"数字经济发展规划》明确了到2025年的主要目标：数字经济核心产业增加值占GDP的比重达到10%，数据要素市场体系初步建立，产业数字化转型迈上新台阶，数字产业化水平显著提升，数字化公共服务更加普惠均等，数字经济治理体系更加完善。展望2035年，我国力争形成统一公平、竞争有序、成熟完备的数字经济现代市场体系，数字经济发展基础、产业体系发展水平位居世界前列。围绕这一目标，规划部署了八大重点任务：第一，优化升级数字基础设施。加快建设信息网络基础设施，推进云网协同和算网融合发展，有序推进基础设施智能升级。第二，充分发挥数据要素作用。强化高质量数据供给，加快数据要素市场化流通，创新数据要素开发利用机制。第三，大力推进产业数字化转型。加快企业数字化转型升级，全面深化重点产业数字化转型，推动产业园区和产业集聚群数字化转型，培育转型支撑服务生态。第四，加快推动数字产业化。增强关键技术创新能力，提升核心产业竞争力，加快培育新业态新模式，营造繁荣有序的产业创新生态。第五，持续提升公共服务数字化水平。提高"互联网+政务服务"效能，推动数字城乡融合发展，提升社会服务数字化普惠水平，打造智慧共享的新型数字生活。第六，健全完善数字经济治理体系。强化协同治理和监管机制，完善多元共治格局，增强政府数字化治理能力。第七，着力强化数字经济安全体系。增强网络安全防护能力和提升数据安全保障水平，切实有效防范各类风险。第八，有效拓展数字经济国际合作。加快贸易数字化发展，推动"数字丝绸之路"深入发展，积极构建良好的国际合作环境。

根据规划要求，各地区、各部门相继出台配套措施，推动数字经济战略落地。例如，建立国家级数字经济发展领导小组统筹协调重大事项，完善统计分类标准和评价指标体系；出台支持企业数字化转型的专项资金和税收优惠政策；实施"上云用数赋智"行动，帮助中小企业应用数字技术；布局国家数字经济创新发展试验区和数字科技重大项目等，以确保战略目标顺利实现。

当前，"数字经济核心产业增加值占GDP比重达10%"这一战略目标已提前实现，数字经济进入高质量发展新阶段，成为驱动中国经济转型升级的重要引擎。在数字经济战略的持续推进下，各行业数字化转型全面提速，数据要素市场日益成熟，创新生态系统蓬勃兴起，数字治理与公共服务水平显著提升。数字经济不仅重塑了产业格局，更赋予经济发展全新动能，引领中国迈向全球数字经济竞争的前沿。

二、数字经济新型基础设施建设

新型基础设施是以新发展理念为引领，以技术创新为驱动，以信息网络为基础，面向高质量发展需要，提供数字转型、智能升级、融合创新等服务的基础设施体系。与传统基础设施不同，数字经济时代的新型基础设施主要包括信息基础设施、融合基础设施和创新基础设施三大类①。一是信息基础设施。主要是指基于新一代信息技术演化生成的基础设施，比如，以 5G、物联网、工业互联网、卫星互联网为代表的通信网络基础设施，以人工智能、云计算、区块链等为代表的新技术基础设施，以数据中心、智能计算中心为代表的算力基础设施等。二是融合基础设施。主要是指深度应用互联网、大数据、人工智能等技术，支撑传统基础设施转型升级，进而形成的融合基础设施，比如，智能交通基础设施、智慧能源基础设施等。三是创新基础设施。主要是指支撑科学研究、技术开发、产品研制的具有公益属性的基础设施，比如，重大科技基础设施、科教基础设施、产业技术创新基础设施等。

近年来，中国把"新型基础设施建设"作为稳增长和调结构的重要抓手。2018 年以来，从中央到地方频频出台新型基础设施建设相关政策：加快推进 5G 网络部署，实现地级市 5G 全覆盖；推进千兆光网和 IPv6 规模部署，建成全球规模最大的光纤和移动通信网络；实施"东数西算"工程，在全国布局八大算力枢纽、十大数据中心集群，形成国家一体化算力网络②；建设工业互联网标识解析体系和行业平台。在政策推动下，截至

---

① 国家发展改革委.国家发展改革委举行 4 月份新闻发布会 介绍宏观经济运行情况并回应热点问题［EB/OL］.（2020－04－20）. https：//www.ndrc.gov.cn/xwdt/xwfb/202004/t20200420_1226031.html.

② 国家发展改革委.国家发展改革委高技术司负责同志就实施"东数西算"工程答记者问［EB/OL］.（2022－02－17）. https：//www.ndrc.gov.cn/xxgk/jd/jd/202202/t20220217_1315795.html.

2024 年，中国已建成 5G 基站超过 425.1 万个，5G 网络覆盖所有地级行政区；全国算力总规模达 280 EFLOPS（见图 10-1）。数据中心方面，绿色集约的数据中心加速涌现，算力调度效率不断提升；在"东数西算"框架下，西部地区的数据中心资源正服务于东部发达地区的算力需求，优化全国算力布局。

数字技术创新再上新台阶	数据要素市场拓展新空间	数字基础设施实现新跃升
2024年，全球新公开生成式人工智能专利 **4.5万件**	2024年，数据生产量 **41.06 ZB**	算力总规模 **280 EFLOPS**
		建成5G基站 **425.1万**
我国占比达 **61.5%**	同比增长 **25%**	移动物联网终端用户数 **26.56亿户**
		八大枢纽节点地区各类新增算力占全国新增算力 **60%以上**
国产人工智能崛起为全球贡献"中国智慧"	高质量数据集量质齐升	绿电使用率 **80%以上**

图 10-1　数字中国发展基础进一步夯实

资料来源：国家数据局．数字中国发展报告（2024 年）［EB/OL］．（2025-04-29）．https：//www.nda.gov.cn/sjj/ywpd/sjzg/0429/20250429185719359511883_pc.html.

新型基础设施建设不仅包括"硬件"投入，还涉及"软基础设施"和制度环境建设。例如，在数字技术标准方面，政府支持产学研协同制定 5G、物联网、人工智能等领域国家标准和行业标准，积极参与国际标准制定；在公共平台方面，构建国家数据开放平台、工业互联网公共服务平台等，为各主体提供基础通用的数据和算力服务；在人力资本方面，加强数字技能培训和复合型人才培养，为新型基础设施建设提供人力保障。通过完善这些新型基础设施，我国数字经济发展的底座更加稳固，为各行各业的数字化转型和创新发展提供了强大支撑。实践证明，新型基础设施建设投资具有乘数效应，不仅直接拉动经济增长，更通过赋能制造业转型、催生新业态，为高质量发展注入长期动力。

三、数字经济发展的制度保障

完善的制度环境是数字经济健康发展的重要保障。首先，法律法规方面，我国近年密集出台数字经济相关立法，为新业态新模式发展保驾护航。典型的如《中华人民共和国网络安全法》《中华人民共和国数据安全法》和《中华人民共和国个人信息保护法》等，确立了数据权属、隐私保护和跨境数据流动的基本规则，为数据要素市场培育和数字产业创新提供法治框架。此外，《中华人民共和国电子商务法》规范了电商平台和数字贸易，《中华人民共和国密码法》保障商用密码应用安全，这些法律共同构建起数字经济领域的法律基础设施。其次，政策体系方面，国务院及各部委发布了一系列政策文件。例如，《国务院关于深化"互联网+先进制造业"发展工业互联网的指导意见》《新一代人工智能发展规划》《关于促进智慧城市健康发展的指导意见》等，从不同角度对数字产业、数字监管和数字治理提出指导。国家还通过制定数字经济发展专项规划、年度工作要点等方式，将数字经济指标纳入政府考核，强化各级政府的执行落实。再次，监管和标准方面，政府探索包容审慎监管新模式。对于共享经济、跨境电商、互联网金融等新业态，先试点后规范，既鼓励创新又防范风险。同时，加快数字领域标准制定，如发布《数字经济及其核心产业统计分类（2021）》，明确数字产业化和产业数字化的范围和统计口径；推动数据确权、开放共享和交易流通标准建设，支持在北京、上海、深圳等地设立数据交易所，探索数据要素价值实现机制。此外，政府与企业、行业协会合作，建立网络安全威胁的信息共享机制和数据合规指导机制，实现多方共治。最后，金融和人才方面，鼓励设立数字经济产业投资基金，引导社会资本投向数字基础设施和创新项目；发展普惠金融和供应链金融，缓解数字化转型中小企业融资难题。完善数字人才培养体系，在高校增设大数据、人工智能等相关学科专业，实施产教融合的人才培养计划，并出台更开放的人才引进政策，集聚高端数字人才。数字经济发展的政策环境和制度供给不断优化，为我国数字经济行稳致远提供了坚实基础。

欧盟数字经济战略的实践

　　欧盟在数字经济战略方面也有系统布局，其经验对我国具有借鉴意义。欧盟早在 2010 年就提出"数字议程"（Digital Agenda），此后陆续推出了一系列数字经济战略：2015 年的"数字单一市场战略"，2020

年的"数字战略"与"欧洲数字未来",以及 2030 数字指南(Digital Compass)等。这些战略体现出欧盟数字经济发展的独特路径。

一是政策目标明确且持续性强。欧盟的数字战略通常设定明确的中长期目标,如到 2030 年实现所有欧盟居民拥有千兆网络连接、欧洲企业广泛采用 AI 和大数据、培养 2000 万 ICT 专家等。这些目标通过立法和投资计划加以保障。例如,欧盟制定了《数字市场法》《数字服务法》等统一规则,打破成员国壁垒,促进数据和数字服务在内部市场自由流动。此外,启动"连接欧洲设施""地平线欧洲"等资金计划,投入数百亿欧元用于 5G 网络、超算中心、数字技能培训等领域。

二是重视数字基础设施和关键技术。欧盟认识到基础设施落后会制约数字经济,因而大力投资新一代网络。截至 2021 年,欧盟主要国家的 5G 网络已逐步商用,超宽带网络覆盖率不断提升。同时,欧盟推动建设自己的数字技术生态,在人工智能、芯片、网络安全等关键领域出台专项战略。例如,发布《人工智能协调计划》,要求成员国在 AI 研发和伦理规范上协同;启动"欧盟芯片法案"提案,计划投入 430 亿欧元提升本地半导体产能。这些举措旨在增强欧盟的数字主权,减少对外部供应商的依赖。

三是以单一市场规则保障数据流动。欧盟通过《通用数据保护条例》(GDPR)确立了严格的个人数据保护标准,同时为可信赖的数据流动奠定基础。GDPR 不仅在欧盟内部执行,也影响到全球众多跨国公司的合规策略,被视为数字时代全球数据治理的"黄金标准"。在此框架下,欧盟致力于推动数据单一市场,出台《欧洲数据战略》,设想建立跨行业、跨国界的共享数据空间,促进政府和企业数据开放。另外,欧盟与主要贸易伙伴签署数字贸易协定或在自贸协定中纳入电子商务,以确保欧盟的数据和数字服务能够安全便捷地跨境流动。

四是坚持包容性和公信力。欧盟数字战略强调包容,让所有公民共享数字化红利。例如,推进数字技能提升计划,帮助中小企业和弱势群体跨越"数字鸿沟"。在全球数字治理方面,欧盟积极发挥规则制定者角色,倡导以多边合作应对数字税收、反垄断等问题,以价值观为导向塑造数字经济秩序。欧盟还发起"数字合作联盟"等倡议，与非洲、东盟等地区分享数字发展经验，体现其软实力。

欧盟数字经济战略的实施，使其在一些领域取得进展。截至2022年，欧盟的互联网普及率达到近90%，数字经济增加值占GDP比重逐年提高；欧盟成员国在电子政务、智慧城市等方面世界领先，孕育了Spotify、SAP等具有全球影响力的数字企业。当然，欧盟也面临挑战，包括内部各国数字化发展不平衡、企业创新活力不及中美等。但总体而言，欧盟通过持续的政策支持与制度建设，正努力打造一个统一、可信和繁荣的数字经济市场。其经验表明，数字经济战略需要长期规划、法律保障和国际合作多管齐下，方能取得实效。

（资料来源：根据欧盟委员会官方网站、欧盟官方公报、欧盟统计局等资料整理。）

第二节　数字经济创新生态与产业集群

一、政策驱动数字经济创新

数字经济的蓬勃发展离不开良好的创新环境塑造，而政府政策在其中发挥着重要的驱动作用。首先，政府通过战略规划引导创新方向。例如，《数字中国建设整体布局规划》《新一代人工智能发展规划》等顶层设计文件，明确了数字技术创新的重点领域和路线图，引导社会创新资源投入方向。其次，财政投入与税收激励是推动数字技术研发的重要手段。国家设立大量科研项目和专项资金支持数字技术攻关，如5G通信、集成电路、操作系统、核心元器件等"卡脖子"领域的研发；同时实施研发费用加计扣除、高新技术企业税收优惠等政策，激励企业加大创新投入。

此外，政府还通过创新载体建设来营造生态。各地纷纷建立国家级高新区、示范基地和孵化器集群，为数字经济创新创业提供了空间。比如，北京中关村、深圳南山、武汉光谷等地在政策支持下集聚了大量互联网和高科技企业，形成了浓厚的创新创业氛围。政府在这些园区推进"放管服"改革、试点包容审慎监管，为新技术新模式松绑。同时，大力发展创投引导基金、天使投资引导基金等，多层次资本市场为数字创业公司提供融资支持。可以说，从资金、人才到制度，政策为数字经济创新创业织就了一张完善的支持网络。

在数字技术扩散应用方面，政策同样扮演重要角色。政府部门带头开展数字化转型实践，如推动"互联网+政务服务"和公共数据开放，既提高了公共服务效率，也为数字技术提供了应用场景。制造业数字化转型方面，工信部实施"智能制造工程""工业互联网创新发展工程"，推广标杆示范项目，降低企业应用数字技术的门槛和成本。农业、医疗、教育等领域也有相应的"数字+"行动计划，鼓励新技术赋能传统行业。通过政策牵引和示范效应，形成全社会拥抱数字创新的良好局面。此外，政府注重产学研用协同，支持建设国家技术创新中心、产业创新中心，打造跨领域的协同创新网络，提高科研成果向产业应用转化的效率。

二、数字经济创新生态系统的构建

完善的创新生态系统对于数字经济持续创新至关重要。数字经济创新生态通常涵盖政府、企业、高校科研机构、金融资本和用户社区等多元主体及其互动网络。构建良性生态需从以下几方面入手：

第一，创新主体多元化与协同。大型科技企业在生态中往往充当"平台"和"引擎"角色，它们不仅自身投入研发、输出产品，也通过开放平台吸引中小企业和开发者共创。例如，阿里巴巴、腾讯等公司开放云计算、大数据平台，提供 API 接口，孵化出众多数字服务创新。中小企业和初创团队则以其灵活性探索细分领域的新应用、新模式。高校和科研院所在基础研究和人才培养上提供支持，与企业共建联合实验室、共享科研设施，形成知识溢出。政府在其中扮演"生态园丁"，通过政策和项目促成跨主体合作，避免各自为战。例如，各地建立的产业创新联盟、数字经济协同创新平台，就是为了连接产业链上下游、大中小企业和科研机构，推动资源共享和协同攻关。

第二，要素支撑。数字经济创新离不开高水平人才、资金和数据要素的持续投入。各创新城市纷纷出台人才新政——提供安居、补贴等措施引进尖端数字人才，鼓励高校毕业生创业就业；建设众创空间、黑客马拉松等氛围，培育创客文化。金融方面，天使投资、风险投资在创新生态中扮演催化剂，一些地方政府建立创投对接平台或担保基金，缓解初创企业融资难。数据作为关键生产要素，在生态中通过共享开放来释放价值。很多行业龙头企业与创业团队共享匿名数据、联合训练 AI 模型，既保护隐私又促进创新。政府推动公共数据开放平台建设，交通、气象、地理等数据向社会开放，为中小企业和开发者提供"燃料"。当人才、资本、数据三要素在生态内充分流动时，就形成了创新的沃土。

第三，良好的创新文化与制度。数字创新强调试错宽容和快速迭代的文化。越来越多的创业者勇于尝试前沿想法。政府在这方面的作用是建立容错机制，如对新模式实行监管沙盒，在风险可控前提下允许试点；对于失败项目给予再创业支持。这种文化鼓励下，创新生态能够不断孕育出新的增长点。此外，完善知识产权保护制度同样重要。只有确保创新者能够合理获得其智力成果的回报，才能激发源源不断的创新动能。政府加强互联网领域知识产权执法，开展打击侵权盗版专项行动，并推进专利快速审查、专利开放许可等机制，为数字创新保驾护航。

第四，市场与用户也是生态的一环。数字产品和服务通常需要快速获取用户反馈并进行改进，因此早期用户社区和试用市场非常宝贵。创新生态中，大型平台企业往往提供试验田，让创新应用容易接触到海量用户。活跃的用户社区不仅提供反馈，甚至参与协同创新。例如，在开源软件社区、众包设计等模式下，用户直接贡献代码和创意。中国拥有全球最大规模的网民群体，多元的市场需求本身就是创新的驱动力——无论是一二线城市的消费升级需求，还是偏远地区的普惠服务需求，都在刺激着不同方向的数字创新。可以说，一个以用户为中心、开放共赢的创新生态系统，正是数字经济源源不断发展的生命力。

三、数字产业集群发展模式

数字经济的创新发展高度集中于产业集群之中。所谓数字产业集群，是在一定地域内大量数字产业相关企业和机构聚集，形成专业化分工和协作网络的经济现象。这些集群往往涵盖数字产品制造、数字技术服务和数字技术应用等领域的企业，以及高校、研究机构和配套服务组织。数字产业集群凭借集聚效应，在提升创新能力和市场竞争力方面表现突出。

近年来，中国高度重视培育数字产业集群。政策驱动型集群是主要模式之一，即由政府规划和引导特定地区发展某类数字产业，并通过优惠政策、项目布局等方式吸引相关企业集聚。例如，安徽合肥依托中国科学技术大学等科研资源，大力发展语音识别和人工智能产业，形成了"中国声谷"产业基地，以科大讯飞为龙头集聚了 1423 家企业，基地主营业务收入在 2021 年达 1378 亿元，连续五年产值年均增速超过 30%。再如，湖北武汉打造光电子产业集群——"武汉·中国光谷"，聚集了光纤通信、激光设备等 15000 多家光电企业，近年诞生了全球首创的 128 层 3D NAND 闪存芯片和中国首款 400G 硅光芯片等成果。2024 年，中国光谷 GDP 稳稳站上 3000 亿元新台阶。这些案例显示，在政策扶持下，一个领域的头部企业可以携上下游企业共同聚集，快速做大产业规模和提升技术影响力。

另一种模式是市场自发型集群，典型代表如中关村和深圳南山片区。在这些地区，最初的产业集聚更多源自市场力量，如深圳凭借改革开放初期电子制造的蓬勃兴起，逐渐吸引众多 IT 硬件和互联网企业扎根，政府随后顺势提供配套服务和基础设施，形成良性循环。市场自发型集群往往创新创业氛围浓厚，企业之间既竞争又合作，通过人员流动、创业孵化等方式加速知识扩散。这类集群的优势在于灵活多样，不局限于单一细分产业，而是多领域融合。例如，深圳南山不仅诞生了华为、中兴这样的通信巨头，还有腾讯、大疆等互联网和智能制造明星企业，成为名副其实的数字产业高地。

无论何种形成路径，成熟的数字产业集群通常呈现以下特征：其一，龙头企业引领。集群内往往有一批有全球竞争力的大企业或"隐形冠军"，它们通过供应链、平台生态带动大量中小微企业协同发展。例如，杭州的数字安防产业集群，由海康威视、大华股份两大龙头引领，集聚相关创新企业 4300 余家，2021 年集群核心业务收入达 2720.8 亿元，年增速 17.2%，占据全球视频监控市场超过 50% 的份额。其二，专业分工和协作。数字集群内部形成高度专业化的分工网络，一家企业的产品可以迅速找到本地配套供应商；同时企业间通过平台实现协同研发、柔性制造和资源共享。例如，小米公司在北京—天津、长三角和珠三角建立生态链，投资100多家配套企业，共同打造一系列爆款智能产品。这种基于平台的一对多协作模式，是数字集群区别于传统集群的一大特征。其三，创新创业循环。集群内成熟企业的高管和技术人才易于二次创业，加上风险投资集中，更容易孵化出新企业，形成"企业—孵化—再企业"的循环，集群由此持续壮大。

数字产业集群的发展面临区域间同质化竞争、资源环境承载压力、人才和技术过于集中等挑战。近年来国家层面倡导分梯次、错位发展数字集群。例如，东部地区重点打造人工智能、大数据、金融科技等高端集群，中西部因地制宜发展智能制造、电子信息等特色集群，以发挥比较优势。

数字经济第一城：杭州的创新实践

杭州是中国数字经济创新生态和产业集群发展的一个标杆城市，被誉为"数字经济第一城"。多年来，杭州依托良好的民营经济基础和政策支持，培育出全国领先的数字产业集群和创新生态。

首先，政府将数字经济作为"一号工程"来抓。早在2014年，杭州便在全国率先提出实施信息经济智慧应用"一号工程"；2017年，浙江省委经济工作会议明确提出将数字经济作为"一号工程"，杭州勇当数字经济发展"排头兵"，加大数字科技创新力度，全面推进数字产业化、产业数字化。2018年，建立杭州市数字经济发展工作领导小组，统筹协调全市数字经济发展和重点任务落实。2024年，杭州市数字经济核心产业增加值为6305亿元，同比增长7.1%，占全市GDP的比重达28.8%。可以看到，高层重视和顶层设计为杭州数字经济提供了持续动力。

其次，创新要素在杭州高度集聚。杭州拥有浙江大学等著名高校，每年培养数万名ICT相关专业人才；还吸引了阿里巴巴、网易等互联网龙头企业总部，以及数以万计的数字科技中小企业。通过阿里巴巴等龙头企业的生态影响，杭州形成了完备的数字产业链条：电子商务、金融科技、云计算、大数据、人工智能等领域企业林立。为支撑企业创新，杭州建设了之江实验室、阿里达摩院等重大研发平台，以及33家国家重点实验室。在风险投资方面，杭州也是仅次于北上深的热点城市，活跃的创投圈为初创企业提供了充沛资金。浓厚的创业文化加上完善的创新要素，使杭州成为数字领域创业者的首选高地之一。

再次，数字产业集群效应凸显。杭州已形成多个优势明显的数字产业集群：电子商务集群，驱动杭州成为全国电商之都；数字安防集群，在视频监控技术和市场占有率方面全球领先；金融科技集群，让杭州成为中国互联网金融创新中心；还有云计算大数据集群、数字文创产业集群等都具备相当规模。这些集群内，大企业带动配套企业共同成长，电商生态上下游企业数以千计。截至2023年末，国家级孵化器数量达65家，连续11年排名全国省会城市（副省级城市）首位。国家高新技术企业数量从2012年的1779家增加到2023年的15062家，充分体现了数字集群的自我扩张能力。海外人才、互联网人才净流入率保持全国大中城市前列，连续13年入选"外籍人才眼中最具吸引力的中国城市"。

最后，杭州政府注重数实融合，打造良好的数字应用环境。一方面，杭州在城市治理上大胆应用数字技术——建设"城市大脑"智慧城市平台，实现交通信号灯智能调控、城市治理事件在线协同处置，使交通拥堵指数持续下降；设立全国首家互联网法院，创新数字法治环境。另一方面，杭州积极推动制造、农业、服务等传统产业数字化，实现生产效率提升。这种良好的应用场景反过来促进数字技术企业不断迭代创新，构成数字生态的良性循环。

杭州的经验表明，一个成功的数字经济示范区需要政策、产业、人才、应用的综合发力。政府谋划长远、企业勇于创新、资源要素富集以及示范应用丰富。在数字中国建设的新征程中，杭州的探索为其他地区提供了宝贵借鉴，即通过完善的创新生态和集群建设，可以有效激发数字经济的内生动力，形成区域高质量发展的新引擎。

（资料来源：根据杭州市人民政府、杭州市统计局以及相关报道整理。）

第三节　数字经济全球合作与竞争

一、数字经济全球合作的基本框架

数字经济的全球化进程使得世界各国经济联系更加紧密，跨境数据流动和数字技术应用成为国际合作的重要内容。面对全球数字化发展的新趋势，国际社会逐渐形成了以联合国、二十国集团（G20）、经济合作与发展组织（OECD）和世界贸易组织（WTO）为核心的多边合作体系。

联合国在全球数字经济合作中起到了关键作用。以联合国提出的《全球数字契约》（*Global Digital Compact*）为代表，明确了数字经济发展的开放性、包容性与安全性原则，推动全球数字治理的协调统一。此外，联合国贸易和发展会议（UNCTAD）则侧重于支持发展中国家的数字能力建设，通过国际合作努力缩小数字鸿沟，促进全球各国共享数字经济发展成果。

自 2016 年杭州峰会以来，G20 始终将数字经济作为重要议题，持续推进数字基础设施建设、数字技能培训以及普惠互联网接入的发展。2019年大阪峰会提出"数据自由流动与信任"（DFFT）原则，强调在保护隐私和数据安全的前提下推动数据跨境流动，以进一步支持全球数字贸易的发展。

OECD 通过制定政策建议和标准，引导成员国推动数字经济的健康发展。《数字经济展望》等报告为各国提供了系统化的政策参考，协助各国更好地应对数字转型的挑战。

WTO 则致力于通过电子商务谈判机制，解决跨境数据流动、隐私保护和消费者权益保障等关键问题，努力为全球数字贸易构建统一规则。这些多边组织共同为全球数字经济合作提供了制度基础与协调平台。

二、数字经济国际竞争的关键领域

随着数字经济日益重要，国际竞争在技术创新、产业布局和规则制定方面日益激烈，这种竞争既存在于国家间，也反映在全球数字企业之间。

在技术创新方面，竞争主要体现在人工智能、5G 通信、云计算、物联网等前沿领域。近年来，各国显著增加了在这些领域的研发投入，以期在全球数字产业链和价值链中抢占有利位置。例如，2022—2023 年，全球生成式人工智能领域的投资激增，反映出各国竞相投入新兴技术领域，以谋求技术领先优势。

在产业布局方面，数字经济收益明显集中于少数国家与企业。根据联合国贸易和发展会议的数据，数字技术的研发投入、产业规模和市场份额主要集中于美国和中国等少数国家，而发展中国家总体上处于落后状态。这种产业高度集中的现象导致全球数字经济呈现"两极化"趋势，加剧了国家和地区间的数字鸿沟。

在治理规则制定方面，各国围绕数据流动、隐私保护、网络安全等问题展开了激烈的博弈。欧盟通过《通用数据保护条例》（GDPR）引领全球数据隐私保护的标准化，美国则倡导数据自由流动以推动数字贸易发展，而中国强调数字主权和网络安全。不同治理模式之间的差异与协调，构成了国际数字规则制定的重要挑战。

在这种竞争格局下，国际社会需要寻求更加平衡与公正的全球数字经济发展路径，避免数字经济利益的过度集中，确保各国尤其是发展中国家能够公平共享数字经济带来的红利。

三、全球数字经济治理的发展趋势与前景

面对数字经济的快速发展与挑战，全球治理正在向规范化、制度化与普惠性方向发展。第一，全球数字贸易与跨境数据流动的统一规则正逐步形成。各国正积极寻求在消费者保护、数据隐私和网络安全等方面达成共识，以降低数字贸易壁垒，促进国际市场的开放与融合。第二，多方参与的治理模式也成为全球共识。政府、企业、技术社群和民间组织的共同参与，确保了数字经济发展的全球连通性与开放性，并有效兼顾网络安全、隐私保护与公平竞争。这种治理模式有助于推动全球数字经济朝着更加透明、公正和协作的方向发展。第三，全球数字治理还更加重视包

容性发展。联合国《全球数字契约》等国际文件提出，到 2030 年应加大力度促进弱势群体和欠发达地区的网络接入能力，确保数字经济的普惠性。

　　未来，全球数字经济合作与竞争仍将交织并存，各国在追求自身利益的同时，也需要保持开放的态度，加强国际协作，共同推动数字经济朝着公平、包容和可持续的方向发展。通过各方共同努力，全球数字经济有望实现更加协调与公平的格局，最终使数字经济的发展成果惠及全人类。

数字经济国际合作的新范式：
《数字经济伙伴关系协定》（DEPA）

　　2020 年，由新西兰、智利和新加坡三国发起的《数字经济伙伴关系协定》（DEPA）正式签署，这是全球首个专门聚焦数字贸易规则的国际协定。DEPA 的出现标志着数字经济国际合作进入了新的阶段，各国开始以数字协定形式建立共识框架。DEPA 内容模块丰富，涵盖了数字贸易便利化、数据流动、个人信息保护、人工智能合作等多个方面，被视为数字时代的经贸规则"试验田"。

　　DEPA 采用模块化结构，共分为 16 个模块，涵盖数字经济各重要议题。其中包括无纸化贸易（推动贸易相关文件电子化）、电子支付和电子发票互认、数据流动与本地化（确保成员允许跨境数据流动且不强制数据本地存储，但同时要求制定个人信息保护制度）、源代码保护（成员不得强制转让软件源代码作为市场准入条件）、数字产品免关税（延续 WTO 对电子传输免征关税的做法）、开放政府数据（鼓励公开可机读的政府数据）、中小企业数字参与、AI 等新兴技术伦理合作，以及数字包容（缩小数字鸿沟）等。DEPA 最大的特点是灵活性和开放性。各模块内容可随着技术发展更新，新加入成员也可选择性地接受模块；协定对成员规模不设限，鼓励志同道合者加入，成为一个开放平台。

DEPA 自生效后不久，就吸引了更多经济体的兴趣。2021 年 9 月，韩国提出加入申请，并在 2024 年正式成为第 4 个成员。中国也在 2021 年 11 月提交了加入申请，目前正与 DEPA 成员就加入事宜进行沟通评估。这显示出 DEPA 已成为亚太地区数字规则合作的重要选项。此外，加拿大、哥斯达黎加等国也表达了关注，未来成员有望进一步扩大。DEPA 的影响首先在亚太体现：它为区域内中小国家提供了参与数字规则制定的平台，使其诉求能在协定中反映，有助于平衡大国影响力。对于整个 WTO 框架下的电子商务谈判，DEPA 也提供了参考蓝本，证明了在较小范围内先行达成高标准数字协议的可行性。

中国作为全球数字贸易大国，申请加入 DEPA 意义重大。一方面，体现了中国愿意对标高标准数字经贸规则、深化改革开放的姿态。DEPA 对跨境数据流动、网络空间开放等要求较高，中国加入则需要相应完善国内规则（如建立更明确的跨境数据流动制度，这与《中华人民共和国数据安全法》的安全评估要求需要协调）。这种规则对接有望推动中国数字经济治理更加透明规范，与国际惯例接轨。另一方面，中国的加入将壮大 DEPA 的覆盖面和影响力，使之可能从区域协定升级为具有全球影响的多边数字协议。中国庞大的数字市场和技术能力也将为 DEPA 合作注入新动力，如在电子支付互通、智慧城市和人工智能治理等领域，中国经验可与成员分享。更广泛地看，中国借助 DEPA 可以更多地参与亚太数字经济合作网络，在国际舞台上争取更多数字贸易规则的话语权。

作为一种新范式，DEPA 展示了模块化数字合作的前景，即以较小同质性群体先行试点，再逐步扩展影响。这种模式或许比在 WTO 框架下一次性凝聚百余成员共识更务实高效。DEPA 也非常重视与其他机制的互补，例如与 APEC 的 CBPR 数据隐私体系相衔接等。从目前的情况来看，DEPA 可能成为亚太版"数字贸易协定模板"，其规则有机会被纳入未来的更大范围协定中。例如，英国已在其与新加坡的数字经济协定中采用了不少 DEPA 条款。在 G20 和 OECD 等讨论中，DEPA 经验也被提及。可以预见，随着成员增加和运作成熟，DEPA 或将朝着数字经济"联盟"演进，对抗数字领域的碎片化趋势。

综上所述，《数字经济伙伴关系协定》（DEPA）作为国际合作的新尝试，为各国携手制定数字规则提供了宝贵经验。它体现了各参与国对开放数字贸易、兼顾安全与发展的共同追求。DEPA 的成功运作，将为全球数字经济治理探索出一条灵活高效的路径，成为多边合作和竞争中一股积极的力量。

（资料来源：根据 DEPA 国际中心官网、新加坡贸工部、中国商务部等资料整理。）

参考文献

［1］ Acemoglu D, Restrepo P. Robots and Jobs: Evidence from US Labor Markets［J］. Journal of Political Economy, 2019, 128（6）: 2188-2244.

［2］ Acemoglu D, Restrepo P. The Race Between Man and Machine: Implications of Technology for Growth, Factor Shares, and Employment［J］. American Economic Review, 2018, 108（6）: 1488-1542.

［3］ Arner D W, Barberis J, Buckley R P. The Evolution of Fintech: A New Post-crisis Paradigm［J］. Georgetown Journal of International Law, 2016, 47（4）: 1271-1319.

［4］ Azmeh S, Foster C, Echavarri J. The International Trade Regime and the Quest for Free Digital Trade［J］. International Studies Review, 2020, 22（3）: 671-692.

［5］ Bharadwaj A, Sawy O A E, Pavlou P A. Digital Business Strategy: Toward a Next Generation of Insights［J］. MIS Quarterly, 2013, 34（1）: 204-208.

［6］ Bill Bishop. Strategic Marketing for the Digital Age［M］. Ontario: Harper Collins Canada Ltd., 1996.

［7］ Blichfeldt H, Faullant R. Performance Effects of Digital Technology Adoption and Product & Service Innovation - a Process - Industry Perspective［J］. Technovation, 2021（105）: 102275.

［8］ Brewis C, Dibb S, Meadows M. Leveraging Big Data for Strategic Marketing: A Dynamic Capabilities Model for Incumbent Firms［J］. Technological

Forecasting and Social Change, 2023 (190): 122402.

[9] Castells M. The Space of Flows [M]. The Rise of the Network Society, Oxford: Blackwell Publishers, 1996.

[10] Constantinides P, Henfridsson O, Parker G G. Introduction—Platforms and Infrastructures in the Digital Age [J]. Information Systems Research, 2018, 29 (2): 381-400.

[11] Downes T, Greenstein S. Universal Access and Local Internet Markets in the US [J]. Research Policy, 2002, 31 (7): 1035-1052.

[12] Duan Y Q, Cao G M, John S E. Understanding the Impact of Business Analytics on Innovation [J]. European Journal of Operational Research, 2020, 281 (3): 673-686.

[13] Dunleavy P, Helen Margetts. The Second Wave of Digital Era Governance [R]. APSA 2010 Annual Meeting Paper, Washington, America, 2010.

[14] Dunleavy P. Digital Era Governance: IT Corporations, the State, and E-Government [M]. Oxford: Oxford University Press, 2006.

[15] Gensler S, Rangaswamy A. An Emerging Future for Digital Marketing: From Products and Services to Sequenced Solutions [J]. Journal of Business Research, 2025 (190): 115230.

[16] Gertler P, Green B, Wolfram C. Digital Collateral [J]. The Quarterly Journal of Economics, 2024, 139 (3): 1713-1766.

[17] Gillani F, Chatha K A, Jajja S S. Unpacking Digital Transformation: Identifying Key Enablers, Transition Stages and Digital Archetypes [J]. Technological Forecasting and Social Change, 2024 (203): 123335.

[18] Goldfarb A, Tucker C. Digital Economics [J]. Journal of Economic Literature, 2019, 57 (1): 3-43.

[19] Gomber P, Koch J A, Siering M. Digital Finance and FinTech: Current Research and Future Research Directions [J]. Journal of Business Economics, 2017 (87): 537-580.

[20] González J L, Jouanjean M A. Digital Trade: Developing a Framework for Analysis [R]. OECD Trade Policy Papers, 2017.

［21］ Greenstein S. The Basic Economics of Internet Infrastructure ［J］. Journal of Economic Perspectives, 2020, 34 (2): 192-214.

［22］ Hanelt A, Bohnsack R, Marz D. A Systematic Review of the Literature on Digital Transformation: Insights and Implications for Strategy and Organizational Change ［J］. Journal of Management Studies, 2020, 58 (5): 1159-1197.

［23］ Herhausen D, Miočević D, Morgan R E. The Digital Marketing Capabilities Gap ［J］. Industrial Marketing Management, 2020 (90): 276-290.

［24］ Herman P R, Oliver S. Trade, Policy, and Economic Development in the Digital Economy ［J］. Journal of Development Economics, 2023 (164): 103135.

［25］ Higgins S. Financial Technology Adoption: Network Externalities of Cashless Payments in Mexico ［J］. American Economic Review, 2024, 114 (11): 3469-3512.

［26］ Hu J, Zhang H, Irfan M. How Does Digital Infrastructure Construction Affect Low-Carbon Development? A multidimensional Interpretation of Evidence from China ［J］. Journal of Cleaner Production, 2023 (396): 136467.

［27］ Hukal P, Henfridsson O, Shaikh M, et al. Platform Signaling for Generating Platform Content ［J］. MIS Quarterly, 2020, 44 (3): 1177-1206.

［28］ Hunjra A I, Zhao S, Goodell J W, et al. Digital Economy Policy and Corporate Low-Carbon Innovation: Evidence from a Quasi-natural Experiment in China ［J］. Finance Research Letters, 2024 (60): 104910.

［29］ IMF, OECD, UNCTAD, et al. Handbook on Measuring Digital Trade ［M/OL］. Geneva: United Nations ［2023 - 08 - 30］. http: //online bookshop. wto. org/shop/article_ details. asp? Id_ Article = 943&lang = EN.

［30］ IMF. Measuring Digital Economy ［R］. IMF Policy Papers, 2018.

［31］ Jacobides M G, Sundararajan A, VanAlstyne M. Platforms and Ecosystems: Enabling the Digital Economy ［R］. World Economic Forum Briefing Paper, 2019.

［32］ Kamalaldin A, Sjödin D, Hullova D. Configuring Ecosystem Strategies for Digitally Enabled Process Innovation: A Framework for Equipment Suppliers in the Process Industries [J]. Technovation, 2021 (105): 102250.

[33] Krishen A S, Dwivedi Y K, Bindu N. A Broad Overview of Interactive Digital Marketing: A Bibliometric Network Analysis [J]. Journal of Business Research, 2021 (131): 183-195.

[34] Li J, Zhou J, Cheng Y. Conceptual Method and Empirical Practice of Building Digital Capability of Industrial Enterprises in the Digital Age [J]. IEEE Transactions on Engineering Management, 2022, 69 (5): 1902-1916.

[35] Li W, Badr Y, Biennier F. Digital Ecosystems: Challenges and Prospects [C]. Proceedings of the International Conferenceon Management of Emergent Digital Ecosystems, 2012.

[36] Nambisan S, Lyytinen K, Majchrzak A, et al. Digital Innovation Management: Reinventing Innovation Management Research in a Digital World [J]. MIS Quarterly, 2017, 41 (1): 223-238.

[37] Perri D L, Setzler K, Stoker G. Towards Holistic Governance: The New Reform Agenda [M]. New York: Palgrave, 2002.

[38] Rahmati P, Tafti A, Westland J C. When All Products are Digital: Complexity and Intangible Value in the Ecosystem of Digitizing Firms [J]. MIS Quarterly, 2021, 45 (3): 1025-1058.

[39] Razavi A, Moschoyiannis S, Krause P. An Open Digital Environment to Support Business Ecosystems [J]. Peer-to-Peer Networking and Applications, 2009, 2 (4): 367-397.

[40] Sandberg J, Holmström J, Lyytinen K. Digitization and Phase Transitions in Platform Organizing Logics: Evidence from the Process Automation Industry [J]. MIS Quarterly, 2020, 44 (1): 129-153.

[41] Stojčić N, Dabić M, Kraus S. Customisation and Co-Creation Revisited: Do User Types and Engagement Strategies Matter for Product Innovation Success? [J]. Technovation, 2024 (134): 103045.

[42] Tapscott D. The Digital Economy: Promise and Peril in the Age of Networked Intelligence [M]. New York: McGraw-Hill, 1996.

[43] Teece D J. Business Models, Business Strategy and Innovation [J].

Long Range Planning, 2010, 43 (2): 172-194.

［44］Thakor A V. Fintech and Banking: What Do We Know? ［J］. Journal of Financial Intermediation, 2020 (41): 100833.

［45］Verhoef P C, Broekhuizen T, Bart Y. Digital Transformation: A Multi-disciplinary Reflection and Research Agenda ［J］. Journal of Business Research, 2021 (122): 889-901.

［46］WTO. World Trade Report 2018: The Future of World Trade: How Digital Technologies are Transforming Global Commerce ［R/OL］. https://www.wto.org/english/res_e/publications_e/world_trade_report18_e.pdf, 2018.

［47］WTO. World Trade Report 2020. Government Policies to Promote Innovation in the Digital Age ［R/OL］. https://www.wto.org/english/res_e/booksp_e/wtr20_e/wtr20_e.pdf, 2020.

［48］Zhang W, Fan H, Zhao Q. Seeing Green: How Does Digital Infrastructure Affect Carbon Emission Intensity? ［J］. Energy Economics, 2023 (127): 107085.

［49］陈晓红，李杨扬，宋丽洁，等. 数字经济理论体系与研究展望 ［J］. 管理世界，2022，38 (2): 208-224.

［50］丁志帆. 数字经济驱动经济高质量发展的机制研究：一个理论分析框架 ［J］. 现代经济探讨，2020 (1): 85-92.

［51］杜振华. 数字贸易 ［M］. 北京：北京邮电大学出版社. 2024.

［52］方福前，田鸽，张勋. 数字基础设施与代际收入向上流动性——基于“宽带中国”战略的准自然实验 ［J］. 经济研究，2023，58 (5): 79-97.

［53］龚强，班铭媛，张一林. 区块链、企业数字化与供应链金融创新 ［J］. 管理世界，2021，37 (2): 22-34+3.

［54］郭峰，王靖一，王芳，等. 测度中国数字普惠金融发展：指数编制与空间特征 ［J］. 经济学（季刊），2020，19 (4): 1401-1418.

［55］郭爱美，李淑贞. 跨境数字贸易 ［M］. 北京：北京理工大学出版社. 2023.

［56］韩剑，蔡继伟，许亚云. 数字贸易谈判与规则竞争——基于区域

贸易协定文本量化的研究［J］. 中国工业经济，2019（11）：117-135.

［57］韩炜，杨俊，胡新华，等. 商业模式创新如何塑造商业生态系统属性差异？——基于两家新创企业的跨案例纵向研究与理论模型构建［J］. 管理世界，2021（1）：88-107.

［58］韩先锋，勾亚楠，肖远飞，等. 数字生态文明建设中制度创新的力量：政策协同赋能的视角［J］. 中国工业经济，2024（11）：62-80.

［59］韩兆柱，马文娟. 数字治理理论研究综述［J］. 甘肃行政学院学报，2016（1）：23-35.

［60］何帆，刘红霞. 数字经济视角下实体企业数字化变革的业绩提升效应评估［J］. 改革，2019（4）：137-148.

［61］何蒲，于戈，张岩峰，等. 区块链技术与应用前瞻综述［J］. 计算机科学，2017，44（4）：1-7+15.

［62］何雨可，牛耕，逯建，等. 数字治理与城市创业活力——来自"信息惠民国家试点"政策的证据［J］. 数量经济技术经济研究，2024，41（1）：47-66.

［63］何宗樾，宋旭光. 数字金融发展如何影响居民消费［J］. 财贸经济，2020，41（8）：65-79.

［64］胡海青，秦欣悦，刘方南. 数字生态下创业质量多元驱动机制研究——基于省域面板数据的动态 QCA 分析［J］. 科技进步与对策，2014，1-12.

［65］胡莹，吕慧中. 数字生态推动实数融合的机理与路径［J］. 广东社会科学，2025（1）：80-93.

［66］黄浩. 数字金融生态系统的形成与挑战——来自中国的经验［J］. 经济学家，2018（4）：80-85.

［67］黄楠，李竹伊，李雪岩，等. 管理学研究中的大数据：科学问题与未来发展［J］. 南开管理评论，2024（7）：74-85.

［68］黄升民，刘珊. "大数据"背景下营销体系的解构与重构［J］. 现代传播（中国传媒大学学报），2012，34（11）：13-20.

［69］黄益平，黄卓. 中国的数字金融发展：现在与未来［J］. 经济学（季刊），2018，17（4）：1489-1502.

［70］黄益平，陶坤玉．中国的数字金融革命：发展、影响与监管启示［J］．国际经济评论，2019（6）：5+24-35.

［71］江小涓，靳景．数字技术提升经济效率：服务分工、产业协同和数实孪生［J］．管理世界，2022，38（12）：9-26.

［72］蒋为，陈星达，彭淼，等．数字规制政策、外部性治理与技术创新——基于数字投入与契约不完全的双重视角［J］．中国工业经济，2023（7）：66-83.

［73］焦豪，杨季枫．管理学视域下的数字平台生态系统：关键科学问题与发展趋势［J］．研究与发展管理，2025，37（2）：1-15.

［74］焦豪，杨季枫，王培暖，等．数据驱动的企业动态能力作用机制研究——基于数据全生命周期管理的数字化转型过程分析［J］．中国工业经济，2021（11）：174-192.

［75］荆文君，孙宝文．数字经济促进经济高质量发展：一个理论分析框架［J］．经济学家，2019（2）：66-73.

［76］李广昊，周小亮．推动数字经济发展能否改善中国的环境污染——基于"宽带中国"战略的准自然实验［J］．宏观经济研究，2021（7）：146-160.

［77］李建军，朱烨辰．数字货币理论与实践研究进展［J］．经济学动态，2017（10）：115-127.

［78］李健斌，周浩．人工智能、资本——技能互补与企业全要素生产率［J］．经济评论，2025（1）：20-36.

［79］李树文，罗瑾琏，胡文安．从价值交易走向价值共创：创新型企业的价值转型过程研究［J］．管理世界，2022，38（3）：125-145.

［80］李韬，冯贺霞．数字治理的多维视角、科学内涵与基本要素［J］．社会科学文摘，2022（7）：5-7.

［81］李勇建，陈婷．区块链赋能供应链：挑战、实施路径与展望［J］．南开管理评论，2021，24（5）：192-203+212.

［82］李忠民，周维颖，田仲他．数字贸易：发展态势、影响及对策［J］．国际经济评论，2014（6）：8+131-144.

［83］刘柏，鞠瑶蕾．"大水漫灌"到"精准滴灌"：企业流程数字化

与商业信用结构调整 [J]. 南开管理评论, 2025, 28 (5): 28-38.

[84] 刘斌, 甄洋. 数字贸易规则与研发要素跨境流动 [J]. 中国工业经济, 2022 (7): 65-83.

[85] 刘凯, 郭明旭, 李育. 数字人民币发行与数字支付发展的宏观经济影响研究 [J]. 中国工业经济, 2023 (3): 39-57.

[86] 刘涛雄, 张亚迪, 戎珂, 等. 数据要素成为中国经济增长新动能的机制探析 [J]. 经济研究, 2024 (10): 19-36.

[87] 刘伟, 许宪春, 熊泽泉. 数字经济分类的国际进展与中国探索 [J]. 财贸经济, 2021, 42 (7): 32-48.

[88] 刘洋, 董久钰, 魏江. 数字创新管理: 理论框架与未来研究 [J]. 管理世界, 2020 (7): 198-217.

[89] 柳卸林, 董彩婷, 丁雪辰. 数字创新时代: 中国的机遇与挑战 [J]. 科学学与科学技术管理, 2020 (6): 3-15.

[90] 陆岷峰, 虞鹏飞. 互联网金融背景下商业银行 "大数据" 战略研究——基于互联网金融在商业银行转型升级中的运用 [J]. 经济与管理, 2015, 29 (3): 31-38.

[91] 马鸿佳, 王春蕾. 数字化能力总是有益的吗? 数字化能力与企业绩效关系的元分析 [J]. 南开管理评论, 2024 (4): 1-17.

[92] 马述忠, 房超, 梁银锋. 数字贸易及其时代价值与研究展望 [J]. 国际贸易问题, 2019 (2): 176.

[93] 马述忠, 濮方清, 等. 数字贸易学 [M]. 北京: 高等教育出版社. 2022.

[94] 孟天广. 数字治理全方位赋能政府数字化转型 [J]. 中国财政, 2022 (4): 20-21.

[95] 孟小峰, 慈祥. 大数据管理: 概念、技术与挑战 [J]. 计算机研究与发展, 2013, 50 (1): 146-169.

[96] 宁楠, 惠宁. 人工智能驱动制造业新质生产力发展——基于全要素生产率的视角 [J]. 经济问题探索, 2025 (1): 1-22.

[97] 戚聿东, 肖旭. 数字经济时代的企业管理变革 [J]. 管理世界, 2020 (6): 135-152.

［98］戚聿东，徐凯歌．技术革命、生产方式变革与企业组织结构调整［J］．管理世界，2024（10）：1-15.

［99］钱海章，陶云清，曹松威，等．中国数字金融发展与经济增长的理论与实证［J］．数量经济技术经济研究，2020，37（6）：26-46.

［100］钱雨，孙新波．数字商业模式设计：企业数字化转型与商业模式创新案例研究［J］．管理评论，2021（11）：67-83.

［101］乔朋华，薛睿，韩先锋．数字营销何以激发中小企业创新——基于信息动态能力的中介作用［J］．南开管理评论，2024（5）：40-50.

［102］邱晗，黄益平，纪洋．金融科技对传统银行行为的影响——基于互联网理财的视角［J］．金融研究，2018（11）：17-29.

［103］申志轩，祝树金，文茜，等．以有为政府赋能有效市场：政府数字治理与企业投资效率［J］．世界经济，2025，48（2）：166-195.

［104］沈坤荣，林剑威，傅元海．网络基础设施建设、信息可得性与企业创新边界［J］．中国工业经济，2023（1）：57-75.

［105］沈坤荣，乔刚，林剑威．智能制造政策与中国企业高质量发展［J］．数量经济技术经济研究，2024，41（2）：5-25.

［106］沈玉良，彭羽，高疆，等．是数字贸易规则，还是数字经济规则？——新一代贸易规则的中国取向［J］．管理世界，2022，38（8）：67-83.

［107］盛斌，高疆．数字贸易：一个分析框架［J］．国际贸易问题，2021（8）：1-18.

［108］施巍松，张星洲，王一帆，等．边缘计算：现状与展望［J］．计算机研究与发展，2019，56（1）：69-89.

［109］宋华，杨雨东，陶铮．区块链在企业融资中的应用：文献综述与知识框架［J］．南开管理评论，2022，25（2）：34-48.

［110］宋旭光，何佳佳，左马华青．数字产业化赋能实体经济发展：机制与路径［J］．改革，2022（6）：76-90.

［111］孙伟增，郭冬梅．信息基础设施建设对企业劳动力需求的影响：需求规模、结构变化及影响路径［J］．中国工业经济，2021（11）：78-96.

［112］孙伟增，毛宁，兰峰，等．政策赋能、数字生态与企业数字化转型——基于国家大数据综合试验区的准自然实验［J］．中国工业经济，

2023 (9)：117-135.

[113] 孙晓华，马雪娇，孔一杰，等．中国制造业的数字鸿沟——"接入—应用—转化"的分析框架 [J]．管理世界，2025 (4)：38-58.

[114] 孙新波，钱雨，张明超，等．大数据驱动企业供应链敏捷性的实现机理研究 [J]．管理世界，2019，35 (9)：133-151+200.

[115] 孙新波，张媛，王永霞，等．数字价值创造：研究框架与展望 [J]．外国经济与管理，2021 (10)：35-49.

[116] 孙玉环，张汀昱，王雪妮，等．中国数字普惠金融发展的现状、问题及前景 [J]．数量经济技术经济研究，2021，38 (2)：43-59.

[117] 唐松，伍旭川，祝佳．数字金融与企业技术创新——结构特征、机制识别与金融监管下的效应差异 [J]．管理世界，2020，36 (5)：52-66+9.

[118] 唐要家，王蜡，唐春晖．人工智能如何提升企业全要素生产率——基于技术创新和技术应用视角 [J]．财经问题研究，2025 (1)：87-100.

[119] 陶锋，翟少轩，王崎．数字经济政策与传统企业跨界数字创新 [J]．中国工业经济，2025 (2)：118-136.

[120] 万姿显，张思，俞荣建，等．企业数字化转型中的价值创造动态适应性机制——基于场景驱动逻辑 [J]．科研管理，2025 (3)：1-15.

[121] 王保云．物联网技术研究综述 [J]．电子测量与仪器学报，2009，23 (12)：1-7.

[122] 王德祥．数字经济背景下数据要素对制造业高质量发展的影响研究 [J]．宏观经济研究，2022 (9)：51-63+105.

[123] 王芳，郭雷．数字化社会的系统复杂性研究 [J]．管理世界，2022 (9)：208-221.

[124] 王海，闫卓毓，郭冠宇，等．数字基础设施政策与企业数字化转型："赋能"还是"负能"？[J]．数量经济技术经济研究，2023，40 (5)：5-23.

[125] 王辉，刘栩君．数字化消费政策的创业效应研究 [J]．财经研究，2024，50 (3)：49-63.

［126］王节祥，陈威如，江诗松，等．平台生态系统中的参与者战略：互补与依赖关系的解耦［J］．管理世界，2021（2）：126-147．

［127］王如玉，梁琦，李广乾．虚拟集聚：新一代信息技术与实体经济深度融合的空间组织新形态［J］．管理世界，2018，34（2）：13-21．

［128］王修华，赵亚雄．数字金融发展是否存在马太效应？——贫困户与非贫困户的经验比较［J］．金融研究，2020（7）：114-133．

［129］王贻芳，白云翔．发展国家重大科技基础设施引领国际科技创新［J］．管理世界，2020，36（5）：17+172-188．

［130］王永贵，王皓月，杨江琳，等．社交媒体营销研究与展望——基于 Web of Science 核心数据库和 CNKI 数据库的综合分析［J］．管理评论，2024b（8）：146-160．

［131］王永贵，张思祺，张二伟，等．基于互动视角的数字营销研究：整合框架与未来展望［J］．财经论丛，2024a（5）：5-16．

［132］夏小雅，赵生宇，韩凡宇，等．面向开源协作数字生态的信息服务与数据挖掘［J］．计算机科学，2024，51（3）：1-13．

［133］肖旭，戚聿东．产业数字化转型的价值维度与理论逻辑［J］．改革，2019（8）：61-70．

［134］谢绚丽，沈艳，张皓星，等．数字金融能促进创业吗？——来自中国的证据［J］．经济学（季刊），2018，17（4）：1557-1580．

［135］徐晓林，刘勇．数字治理对城市政府善治的影响研究［J］．公共管理学报，2006（1）：13-20．

［136］徐晓林，周立新．数字治理在城市政府善治中的体系构建［J］．管理世界，2004（11）：140-141．

［137］薛莹，胡坚．金融科技助推经济高质量发展：理论逻辑、实践基础与路径选择［J］．改革，2020（3）：53-62．

［138］夏晴．数字贸易：理论、政策与实践［M］．北京：中国商务出版社．2023．

［139］杨俊，李小明，黄守军．大数据、技术进步与经济增长——大数据作为生产要素的一个内生增长理论［J］．经济研究，2022（4）：103-119．

[140] 杨连星，王秋硕，张秀敏．自由贸易协定深化、数字贸易规则与数字贸易发展 [J]．世界经济，2023，46（4）：32-59.

[141] 杨佩卿．数字经济的价值、发展重点及政策供给 [J]．西安交通大学学报（社会科学版），2020，40（2）：57-65.

[142] 杨雁斌．千年之交的社会形态——《网络社会的崛起》一书评介 [J]．国外社会科学，2001（6）：62-66.

[143] 姚前，汤莹玮．关于央行法定数字货币的若干思考 [J]．金融研究，2017（7）：78-85.

[144] 叶璇．整体性治理国内外研究综述 [J]．当代经济，2012（6）：110-112.

[145] 易靖韬，曹若楠．流程数字化如何影响企业创新绩效？——基于二元学习的视角 [J]．中国软科学，2022（7）：94-104.

[146] 余东华，李云汉．数字经济时代的产业组织创新——以数字技术驱动的产业链群生态体系为例 [J]．改革，2021（7）：24-43.

[147] 袁勇，王飞跃．区块链技术发展现状与展望 [J]．自动化学报，2016，42（4）：481-494.

[148] 曾德麟，蔡家玮，欧阳桃花．数字化转型研究：整合框架与未来展望 [J]．外国经济与管理，2021（5）：63-76.

[149] 曾凡军，韦彬．后公共治理理论：作为一种新趋向的整体性治理 [J]．天津行政学院学报，2010（2）：59-64.

[150] 詹晓宁，欧阳永福．数字经济下全球投资的新趋势与中国利用外资的新战略 [J]．管理世界，2018，34（3）：78-86.

[151] 张超，陈凯华，穆荣平．数字创新生态系统：理论构建与未来研究 [J]．科研管理，2021，42（3）：1-11.

[152] 张涛，李均超．网络基础设施、包容性绿色增长与地区差距——基于双重机器学习的因果推断 [J]．数量经济技术经济研究，2023，40（4）：113-135.

[153] 张天顶，龚同．"数字鸿沟"对 RTA 数字贸易规则网络发展的影响：从"信息鸿沟"到治理壁垒 [J]．中国工业经济，2023（10）：80-98.

［154］张勋，万广华，吴海涛．缩小数字鸿沟：中国特色数字金融发展［J］．中国社会科学，2021（8）：35-51+204-205．

［155］张勋，杨桐，汪晨，等．数字金融发展与居民消费增长：理论与中国实践［J］．管理世界，2020，36（11）：48-63．

［156］张永峰，路瑶．数字支付对居民消费的影响研究——兼论数字支付与中国家庭债务［J］．国际金融研究，2024（10）：15-25．

［157］张媛，孙新波，钱雨．传统制造企业数字化转型中的价值创造与演化——资源编排视角的纵向单案例研究［J］．经济管理，2022，44（4）：116-133．

［158］郑庆华．走进数字生态［M］．北京：国家行政学院出版社，2023．

［159］中国纪检监察报．李韬：以数字化助推社会治理现代化[EB/OL]．（2023-11-07）．https：//mp．weixin．qq．com/s/sMxceLO_0GbXZmqTFZ-mYg．

［160］中国信息通信研究院．中国数字经济发展研究报告（2024年）［EB/OL］．（2024-08）．http：//www．caict．ac．cn/kxyj/qwfb/bps/202408/t20240827_491581．htm．

［161］中国信息通信研究院．中国信息经济发展白皮书（2016年）［EB/OL］．（2016-09）．http：//www．caict．ac．cn/kxyj/qwfb/bps/201804/t20180426_158344．htm．

［162］周密，郭佳宏，王威华．新质生产力导向下数字产业赋能现代化产业体系研究——基于补点、建链、固网三位一体的视角［J］．管理世界，2024（7）：1-26．

［163］周念利，陈寰琦．RTAs框架下美式数字贸易规则的数字贸易效应研究［J］．世界经济，2020，43（10）：28-51．

［164］朱兴雄，何清素，郭善琪．区块链技术在供应链金融中的应用［J］．中国流通经济，2018，32（3）：111-119．

［165］竺乾威．从新公共管理到整体性治理［J］．中国行政管理，2008（10）：52-58．

［166］邹宏，张帆，尚玉婷，等．全球数字生态系统底层驱动范式转型特征及研究启示［J］．中国工程科学，2025，27（1）：98-110．